ACCESO GRATIS _a la Lectura en la Nube_

Para visualizar el libro electrónico en la nube de lectura envíe junto a su nombre y apellidos una fotografía del código de barras situado en la contraportada del libro y otra del ticket de compra a la dirección:

ebooktirant@tirant.com

En un máximo de 72 horas laborables le enviaremos el código de acceso con sus instrucciones.

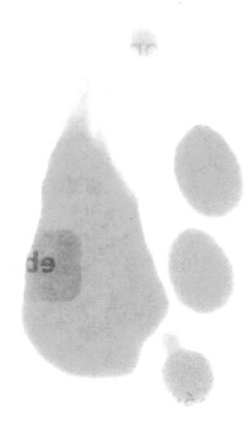

Las situaciones de aprendizaje en secundaria y bachillerato en la especialidad de Música; por qué, cómo y ejemplos listos para aplicar con resultados de investigación sobre su implementación

Miguel Ángel Jiménez Rodríguez
Manuel Jaramillo Peñarrocha
Vicente Alejandro March-Luján
Miguelina Cabral-Domínguez

Las situaciones de aprendizaje en secundaria y bachillerato en la especialidad de Música

tirant humanidades
Valencia, 2025

Director de la colección:
Juan Manuel Fernández Soria

© Varios autores y autoras

© TIRANT HUMANIDADES
EDITA: TIRANT HUMANIDADES
C/ Artes Gráficas, 14 - 46010 - Valencia
TELFS.: 96/361 00 48 - 50
FAX: 96/369 41 51
Email:tlb@tirant.com
www.tirant.com
Librería virtual: www.tirant.es
ISBN: 978-84-1081-358-8
MAQUETA: Tirant lo Blanch
Deposito legal: V-3035-2025

Si tiene alguna queja o sugerencia, envíenos un mail a: atencioncliente@tirant.com. En caso de no ser atendida su sugerencia, por favor, lea en *www.tirant.net/index.php/empresa/ politicas-de-empresa* nuestro Procedimiento de quejas.

Responsabilidad Social Corporativa: *http://www.tirant.net/Docs/RSCTirant.pdf*

Índice

1. Presentación de la estructura y contenidos del libro

Esta obra, que contiene una guía para la elaboración de situaciones de aprendizaje, forma parte de una colección por especialidades en la Ed. Secundaria y el Bachillerato, así como algunas familias de la Formación Profesional. En ellas se ha querido ofrecer una propuesta diferente. No se ha buscado solo facilitar al profesorado "situaciones de aprendizaje tipo", como las que podemos encontrar en las páginas de la Administración, en una búsqueda en la red o, incluso, pidiendo a la IA que las elabore, sino que se busca una comprensión, lo más profunda posible, del sentido de las situaciones de aprendizaje y de la lógica y coherencia interna de su diseño.

Este libro tiene tres partes bien diferenciadas: la primera incide en la teoría que sustenta y los procedimientos que hacen posible el diseño de situaciones de aprendizaje bien alineadas. La segunda propondrá, sobre dos ejemplos concretos, sendos modelos de diseño de situaciones de aprendizaje. Y la tercera parte ofrecerá resultados de investigación sobre la aplicación de una de estas situaciones. Una vez vista la estructura, anticipamos qué podremos encontrar en cada uno de estos bloques.

La primera parte de este trabajo comienza con una breve fundamentación teórica que servirá de base para el desarrollo de las situaciones de aprendizaje. Los pilares de dicha fundamentación son el paradigma de la enseñanza centrada en el aprendizaje de Barr y Tagg, el alineamiento constructivo de Biggs y el aprendizaje visible de Hattie y Zierer— proponiendo desde ahí un modelo de diseño curricular lo más coherente posible. La intención es formativa por lo que la presentación de estos principios teóricos irá precedida por la justificación de la incidencia que los aprendizajes que se pretenden conectan con las competencias propias del profesorado establecidas en la Orden ECI/3858/2007 que regula la formación inicial del profesorado de Secundaria, Bachillerato, Formación Profesional y Enseñanza de Idiomas que está en vigor.

En segundo lugar, se construirá un mapa de ideas clave para situarse de forma organizada en el territorio conceptual —la arquitectura pedagógica— planteada por la LOMLOE. En este punto, al que dedicaremos un capítulo, se explicará el sentido de cada uno de los términos fundamentales que se emplean y la articulación de estos.

Seguidamente se darán algunas pautas para realizar el desarrollo de la programación curricular colectiva, la denominada Propuesta pedagógica del centro, que es responsabilidad de los departamentos.

A continuación, nos centraremos en las situaciones de aprendizaje, como concreción curricular que decanta toda esta estructura y la concreta para ser ofrecida como medio de aprendizaje para el alumnado.

El desarrollo de la segunda parte del libro será la presentación del diseño de dos situaciones de aprendizaje para diferentes cursos dentro de la especialidad de Secundaria y Bachillerato o familia profesional en el caso de la FP. En ellas, lo más relevante será poner de manifiesto el discurso mental que los autores han llevado a cabo para realizar la propuesta. No importa tanto tener modelos hechos, sino entrenar cognitivamente a los destinatarios de esta guía —que son los propios profesores del Máster de Secundaria, el alumnado, los opositores y los profesores en ejercicio para su formación continua— para que puedan comprender la lógica del discurso mental que les permita tomar buenas decisiones curriculares aplicando, lo mejor posible, las premisas de los paradigmas y planteamientos teóricos a los que se ha aludido anteriormente.

En la tercera parte, se ofrecerán resultados de investigación, evidencias, de la aplicación en el aula de una de las dos situaciones presentes en la guía donde podremos comentar puntos fuertes y débiles del diseño y las repercusiones que este planteamiento curricular tiene, en sus fases iniciales al menos, en el alumnado y su aprendizaje.

Los autores de este proyecto son en su práctica totalidad profesores del módulo específico del Máster Universitario en Formación del Profesorado de Secundaria, Formación Profesional y Enseñanza de Idiomas de la Universidad Católica de Valencia que han formado equipos por especialidades. En todos los equipos participa al menos un profesor de Secundaria, Bachillerato o Formación Profesional, según los casos, que puede ser al mismo tiempo profesor del Máster o no. Todos los equipos en su conjunto y cada uno de ellos se han coordinado y formado juntos siguiendo pautas comunes para la elaboración de esta guía, y el conjunto de guías por especialidades, que constituyen el proyecto.

1. Justificación y principios teóricos de la obra

A diferencia de otras disciplinas, donde la teoría y la investigación son los pilares esenciales de la práctica, en educación parece que no fuera así. No hay argumento más demoledor para una propuesta de acción distinta a lo común, que tacharla de ser "muy teórica".

Lo mismo sucede cuando se alude a evidencias de "investigación educativa", que no suelen ser la lectura de cabecera de los docentes, y de las cuales parece que no se tenga excesiva confianza. En este sentido Murillo y Martínez-Garrido (2020) publicaron con el título "¿Para qué sirven las revistas de investigación educativa?" una reflexión muy interesante donde revisan por dónde va la investigación educativa, para qué se hace y las conexiones, o la desconexión, que esta tiene con la práctica y los prácticos. Las conclusiones no son muy esperanzadoras: según los autores se investiga más para publicar que para mejorar la realidad educativa y los profesores desconfían de dicha investigación educativa, en el caso de que alguna vez hayan tenido contacto con ella.

Esta obra pretende romper esta dicotomía que tanto daño hace al avance de la Educación en general. Vamos a poner sobre la mesa una serie de principios teóricos, que alineen bien las ideas, y, sobre ellas, vamos a construir coherentemente situaciones de aprendizaje.

Estás situaciones se construirán paso a paso, evidenciando la lógica de pensamiento que contribuya a la elección adecuada y el diseño preciso de cada elemento curricular. Pretendemos, en este libro y en los que forman la colección por especialidades, modelar y modelizar un discurso mental que lleve a la coherencia interna según un paradigma de enseñanza centrada en el aprendizaje.

Aunque ofreceremos una plantilla de programación, la intención es liberar — empoderar, podríamos decir— a los docentes de cualquier plantilla, que las puedan emplear todas o generar otras propias, estén en la etapa profesional que estén, desde la formación inicial hasta aquellos que lleven una larga trayectoria. Y este objetivo se logrará si conseguimos apoyar una comprensión profunda del diseño curricular. El propósito de esta obra no es que se aprenda a rellenar los huecos de todos los elementos preceptivos de las situaciones de aprendizaje, con elementos más o menos ocurrentes o "de moda pedagógica" sino capacitar para decidir con fundamento y deducir qué elementos son en cada momento los mejores posibles, en función de los resultados de aprendizaje que se pretendan y del análisis de todas las variables del contexto. Este análisis lo es del alumnado, del centro y su entorno, de los medios con los que se cuenta, el tiempo del que se dispone... pero también del universo de creencias del docente que es el que determinará su práctica.

Siguiendo a Kurt Lewin, estamos convencidos de que no encontraremos nada que transforme la realidad y potencie la innovación como una buena teoría. Los cambios en educación son lentos, costosos y es difícil que se consoliden porque no suelen abordarse desde el cambio de mentalidad sino desde el cambio de las prácticas que no arrastra de forma coherente el resto de los elementos del sistema. Este atajo suele terminar haciendo un recorrido de vuelta atrás. Coexisten ideas y prácticas que, a menudo, pertenecen a paradigmas diferentes, e incluso contradictorios, lo que genera al final incoherencias que ninguna otra disciplina científica o profesional daría por válidas. Pongamos por ejemplo la introducción de metodologías activas que se han venido dando en los últimos años sin que esto haya tenido consecuencias notables en los modelos de evaluación. O afirmar que se están desarrollando competencias cuando lo único que se desarrolla y se evalúa de forma sistemática son los contenidos... En el fondo, a los cambios e innovaciones en educación suele faltarles la reflexión del porqué se hacen las cosas y cómo lo que se introduce modifica al resto, incluida la estructura y los espacios, si es preciso. La innovación en muchas ocasiones se superpone al trabajo que ya se realizaba y que, sobre todo, las creencias más implícitas y comúnmente aceptadas, impiden modificar porque dan "respuestas seguras"— o más bien consolidas de lo que deben ser las cosas— lo que convierte a la propia innovación en sobrecarga. A veces, la dificultad es externa. En Bachillerato fundamentalmente se pone de manifiesto la contradicción entre un currículo competencial prescriptivo y unas pruebas de acceso a la universidad "que no son tan competenciales", aunque la última reforma camina en esta dirección, y que terminan convirtiendo a esta etapa en propedéutica para la prueba, que se resiste a ser modificada de forma coherente con los postulados de las propias leyes orgánicas de Educación e incluso con el EEES que debiera regir los estudios universitarios.

Otra dificultad para los cambios sistémicos es la falta de rigor al evidenciar los resultados de dichos cambios. Se promulgan leyes que pretenden modificar la realidad sin investigar sobre el resultado de las modificaciones previas.

También es un escollo, que no encontramos en otras áreas del conocimiento, la falta de consenso fundamentado lo que genera una gran diversidad de sistemas de trabajo, incluso en un mismo centro — *cada maestrillo tiene su librillo*— que manifiesta que no existe una base científico-pedagógica común —o no común— y, si se tiene, no suele ser comparable a la seguridad que ofrece la formación científico-disciplinar que el profesorado ha adquirido de su materia en su carrera, lo que les lleva a encontrar refugio en ella y a considerar "extraños", "subjetivos" y "poco académicos" los aprendizajes que no sean aprendizajes conceptuales de los que la LOMLOE esta cuajada, y que están en el currículo prescriptivo desde la LOE de 2006, que, no olvidemos, la LOMLOE modifica. Por eso, aunque estos aprendizajes más competenciales estén en el currículo prescriptivo y son el referente de los criterios de evaluación oficiales, ni se enseñan ni se evalúan sistemáticamente. Si a esto le añadimos la dificultad de que en los centros exista un liderazgo pedagógico claro que procure la formación necesaria unida a la implementación efectiva y sostenida de líneas pedagógicas estratégicas, encontramos que la implantación de los cambios profundos en educación no termine de despegar.

La práctica es esencial, porque nadie sabe lo que no hace. Pero la práctica es también buena reproductora de sí misma. La cantidad de práctica educativa mejora los procesos, los automatiza y consolida, pero no los puede transformar, porque para actuar en dicha práctica de forma distinta ha de haber antes una idea diferente de lo que es la Educación. Un cambio paradigmático. La innovación está en el mundo de las ideas, de la teoría. Por eso, si se propone un cambio en las prácticas educativas y no ha existido antes la formación teórica suficiente, la del mundo de las ideas, esa que a veces se denota en nuestro campo, en parte porque no produce frutos inmediatos y a los profesores nos gusta la eficacia, en parte porque la formación del profesorado no termina de capacitar para conectar con la teoría pedagógica que sustenta la innovación, no hay posibilidad de avance colectivo. La práctica, por sí misma, no es la solución. Nuestro sistema necesita de una sólida teoría que sea capaz de cambiar nuestras creencias, que siempre están presentes y que hemos de vigilar para no volver al camino transitado. Unas nuevas creencias que puedan responder a todas las preguntas clave: por qué, para qué, cómo, cuándo, ... generar y acompañar el aprendizaje y evaluarlo.

Sin la teoría no hay posibilidad de cambiar una profesión basada en la práctica y la experiencia, tan rica como limitada, de cada profesional que tiene, a su vez, como referente esa misma propia experiencia vivida, muchas veces como alumno, o como profesor que ha ido construyendo, con *sangre sudor y lágrimas*, su concepción de lo que es ser *un buen profesor*. Este imaginario es el que preside los miles de decisiones que los docentes tomamos cada día. Marcelo (2009).

Lejos de pretender ofrecer "modelos listos para ser consumidos", esta obra presenta, en un formato corto por especialidades, solo un par de situaciones de aprendizaje que pretenden ser, ante todo, un par de *guías de pensamiento para la creación*. Esta es nuestra pequeña aportación diferencial, como decíamos más arriba, a lo que puede hacer ya la

IA, una búsqueda de situaciones de aprendizaje ya elaboradas en Internet o las que brindan las editoriales. No se trata, por tanto, de tener las "programaciones hechas" sino de capacitarnos para una creación única, original, adaptada y sobre todo coherente, bien fundamentada y propia. Igual que es difícil estudiar con apuntes ajenos, es difícil implementar diseños curriculares ajenos. Porque cuando se diseña se anticipa, se imagina, se integra y prevé la realidad con su contexto, con lo que puede servir o no en mi aula, con mis alumnos y con lo que yo como docente me siento seguro de llevar a cabo. Por supuesto esto no quiere decir que no empleemos todas las herramientas y modelos que podamos tener a nuestra disposición —incluidas la IA— pero no es lo mismo tener las programaciones hechas para ser entregadas como instrumento burocrático que tener un plan personal de acción, para mí y mis alumnos, con mis compañeros concretos, en mi centro y con las familias o tutores, de mi alumnado.

El objetivo es guiar el proceso de pensamiento y sistematizar cómo los alumnos deben aprender en un formato coherente con un paradigma teórico competencial. Este nos remite irremediablemente a la combinación dinámica de conceptos, procedimientos y actitudes, que se ponen en acción para resolver problemas de forma adecuada, experta, en un contexto, en una situación determinada. De ahí que las "situaciones de aprendizaje" sean una forma conceptualmente idónea de organizar el aprendizaje en este paradigma competencial en el que queremos estar.

Sin perder tiempo en asentar la teoría, sin invertir en formación, el cambio legislativo se domestica y pasa a ser nominativo. La cuestión no puede ser "Antes a esto le llamaban x y ahora dicen que hay que llamarle y". No hacen más que cambiar el nombre a las cosas". Llevamos décadas con el *gatopardismo* perfecto. Cambiamos todo para que nada cambie.

Por supuesto, la responsabilidad no es del profesorado que se defiende de los agotadores cambios ideológico-legislativos y la burocracia asfixiante que solo exige sin dar nada a cambio. Pero, al mismo tiempo, este modo de proceder hace inviables las propuestas porque no se prevé ni se invierte en el cómo. Sírvanos de ejemplo el elemento nuclear de la educación por competencias que ya hemos comentado. Está presente en todas las etapas educativas hace más de 25 años y sigue sin ser una realidad. Las causas son múltiples, están descritas en numerosas investigaciones, como por ejemplo el trabajo de Contreras, González Martí y Gil (2019) que publicaban un artículo con el título "La dificultad de la implementación de una enseñanza por competencias en España" y que no podemos comentar por motivos de espacio.

Sin embargo, el propósito de este libro sí entronca con esta línea de contribución a la educación desde la teoría a la práctica. Y se concreta en contribuir a:

A. La mejora de la formación inicial del profesorado de Secundaria, Bachillerato, Formación Profesional y Enseñanza de Idiomas.

B. El cambio en la concepción del diseño curricular en general —y de las situaciones de aprendizaje de forma particular— de forma sistémica y desde el paradigma de la enseñanza centrada en el aprendizaje.

C. Mostrar cómo aplicar de forma consistente los principios teóricos del alineamiento constructivo de Biggs.

D. Aportando evidencias de investigación según la propuesta del "aprendizaje visible" de Hattie y Zierer.

A continuación, desarrollaremos cada uno de estos puntos que veremos aplicados en el resto de la obra.

A. La mejora de la formación inicial del profesorado de Secundaria, Bachillerato, Formación Profesional y Enseñanza de Idiomas

La formación inicial del profesorado no parece estar siendo la adecuada para desarrollar un currículo competencial o si se quiere, hace falta una formación inicial alternativa si se pretende que esto sea posible. Existen numerosos artículos que analizan este tema como por ejemplo el de Urkidi, Losada, López y Yuste (2020) que lleva por título

"El acceso a la formación inicial del profesorado y la mejora de la calidad docente" que analiza el problema de la formación inicial desde el mismo momento de la selección de los candidatos a docentes. Países de referencia en Europa, como sigue siendo Finlandia, por ejemplo, tienen claro que la inversión en educación es vital para la sociedad en su conjunto y, para que esto sea efectivo y eficiente — porque en España que la educación sea importante como idea nadie puede discutirlo — es necesario formar lo mejor posible a los mejores. De este modo consiguen lo que para el sistema finlandés es el mayor logro más allá de los resultados de PISA: que el colegio que tengas más cerca sea el mejor colegio y que todos se parezcan mucho entre sí en calidad y medios. Eso sí, dotándoles de autonomía en la gestión de centro y de aula. Finlandia carece de inspección educativa; la tuvo, investigó sobre la eficiencia en resultados de esta y, a la vista de las evidencias de dicha investigación, la removió para invertir esos recursos en la mejora de la calidad de cada profesor en cada aula. Es verdad que cada contexto necesita sus propias medidas. Pero algunos principios, como son formar a los mejores — y no a un múltiplo elevado de candidatos indiscriminado en relación con las plazas disponibles en el sistema educativo — o basar las decisiones educativas en evidencias de investigación y no en otras como el equilibrio de intereses de los colectivos implicados o en cuestiones ideológicas— parece lógico, y les va bien.

Que para llevar a cabo las propuestas competenciales de la LOMLOE es necesario incidir en la formación inicial y continua del profesorado, así como una reforma de la profesión docente, lo dice la propia ley. La disposición adicional séptima fijó en 2020 el plazo de un año *para realizar una propuesta normativa que regule, entre otros aspectos, la formación inicial y permanente, el acceso y el desarrollo profesional docente"*. En este momento, curso 2024-25, seguimos esperándola. Pero, al igual que la norma puede ayudar, pero no transformar la realidad educativa, tampoco el cambio en la normativa de formación solucionará el problema.

Nos gustaría añadir, al menos, una perspectiva muy interesante y es la que se plantea en la obra de Cordero y Carnicero (2021) que forman parte del observatorio sobre Educación de la Universidad de Barcelona, y cuyo título es revelador: *¿Quién forma a los futuros docentes?* No es posible cambiar el sistema solo modificando el qué; es preciso entrar en el factor humano reflexionando sobre el quién.

Un análisis del perfil del profesorado de las facultades de educación explica, en parte, que sean los contenidos y no las competencias las que en realidad dominen el panorama formativo.

De hecho, la Orden ECI/3858/2007 que regula la formación del profesorado, sirviendo de base común para todos los planes de estudios de máster que las universidades propusieron en su día y que llevan más de quince años impartiendo, establece un perfil de salida de mínimos comunes, definido por medio de una serie de competencias, que no están nada mal. Uno de los problemas más graves que tiene la universidad española para la verdadera entrada en el Espacio Europeo de Educación Superior es que define perfiles de egreso que no evalúa ni verifica en sus egresados y, por lo tanto, ignora si los consigue.

Al igual que en cualquier otro título universitario, cuando un alumno egresa del Máster de Secundaria, la universidad que otorga la titulación debería garantizar que dicho egresado ha adquirido, efectivamente, las competencias que definen este perfil de egreso. Justo como veremos que plantea la LOMLOE en su "nuevo" perfil de salida. Seguramente, si esto operase en la formación inicial resultaría mucho más sencillo que el profesorado imaginara, por experiencia propia, cómo los alumnos de las enseñanzas de Secundaria y Bachillerato —no tanto los de FP pues la estructura curricular es mucho más clara desde el punto de vista competencial— cursan las asignaturas como medio para alcanzar ese perfil de salida. Las asignaturas no podrían ser concebidas como fines en sí mismas, sino como medios para alcanzar las competencias descritas en el perfil, lo que sí ocurre hoy. Las competencias del perfil de egreso del Máster, todavía en vigor, a menudo son desconocidas incluso por los protagonistas, profesorado y alumnado. Nos parece relevante recordarlas. Son, digamos, todavía adecuadas. Actualizarlas estará bien, pero, si el cambio no va más allá, volveremos al 2007 como en "El día de la Marmota".

Como evidencia de que el cambio en los curricula no es suficiente, vamos a trasladarlas aquí para recordar cuáles son, subrayaremos algunas ideas esenciales en ellas y luego comentaremos cómo el diseño de situaciones de aprendizaje, objeto de esta obra, incide de forma directa y, por lo tanto, podemos decir que contribuiremos a mejorar dicha formación inicial. Las competencias/resultados de aprendizaje del Máster son:

1. *Conocer los <u>contenidos curriculares</u> de las materias relativas a la especialización docente correspondiente, así como el <u>cuerpo de conocimientos didácticos</u> en torno a los procesos de enseñanza y aprendizaje respectivos. Para la formación profesional se incluirá el conocimiento de las respectivas profesiones.*

2. *<u>Planificar, desarrollar y evaluar el proceso de enseñanza y aprendizaje</u> potenciando procesos educativos que faciliten la <u>adquisición de las competencias</u> propias de las respectivas enseñanzas, atendiendo al nivel y formación previa de los estudiantes, así como la orientación de los mismos, <u>tanto individualmente como en colaboración con otros docentes y profesionales</u> del centro.*

3. *Buscar, obtener, procesar y comunicar información (oral, impresa, audiovisual, digital o multimedia), <u>transformarla en conocimiento y aplicarla en los procesos de enseñanza y aprendizaje</u> en las materias propias de la especialización cursada.*

4. *<u>Concretar el currículo que se vaya a implantar en un centro docente participando en la planificación colectiva del mismo</u>; desarrollar y aplicar <u>metodologías</u> didácticas tanto grupales como personalizadas, <u>adaptadas a la diversidad</u> de los estudiantes.*

5. *<u>Diseñar y desarrollar espacios de aprendizaje</u> con especial atención a la equidad, la <u>educación emocional y en valores, la igualdad de derechos y oportunidades entre hombres y mujeres, la formación ciudadana y el respeto de los derechos humanos que faciliten la vida en sociedad, la toma de decisiones y la construcción de un futuro sostenible.</u>*

6. *Adquirir estrategias para estimular el esfuerzo del estudiante y promover su capacidad para aprender por sí mismo y con otros, y desarrollar habilidades de pensamiento y de decisión que faciliten la autonomía, la confianza e iniciativa personales.*

7. *Conocer los procesos de interacción y comunicación en el aula, dominar destrezas y habilidades sociales necesarias para fomentar el aprendizaje y la convivencia en el aula, y abordar problemas de disciplina y resolución de conflictos.*

8. *Diseñar y realizar actividades formales y no formales que contribuyan a hacer del centro un lugar de participación y cultura en el entorno donde esté ubicado; desarrollar las funciones de tutoría y de orientación de los estudiantes de manera colaborativa y coordinada; participar en la evaluación, investigación y la innovación de los procesos de enseñanza y aprendizaje.*

9. *Conocer la normativa y organización institucional del sistema educativo y modelos de mejora de la calidad con aplicación a los centros de enseñanza.*

10. Conocer y analizar las características históricas de la profesión docente, su situación actual, perspectivas e interrelación con la realidad social de cada época.

11. Informar y asesorar a las familias acerca del proceso de enseñanza y aprendizaje y sobre la orientación personal, académica y profesional de sus hijos.

Si, como se pretende para el futuro inmediato del sistema educativo consolidando así el espacio europeo de educación, deberán evaluar y certificar el nivel alcanzado por cada alumno en cada una de estas competencias una de las variables más controlables, que es la formación inicial, ayudaría en la transformación que necesita el sistema. Si esto se diera también en el Máster, ¿qué director no desearía contar en su claustro con profesores con estas "viejas" competencias realmente adquiridas y acreditadas?

De todas ellas, la obra que ahora presentamos incide al menos en las seis primeras, ya que el diseño curricular, plasmado en situaciones de aprendizaje, es un acto de creación en el que confluyen el conocimiento profundo del contenido del currículo — saberes básicos y otros— así como las didácticas específicas de cada especialidad (C1). Por otra parte, trataremos tanto el diseño colectivo del currículo — el difícil paso de la adaptación del currículo oficial al del centro a través de los departamentos y equipos docentes — como la articulación de la programación a través de dichas situaciones de aprendizaje (C2). La adopción del paradigma competencial, centrado en el aprendizaje, exigirá la transformación de la información en conocimiento al poner el acento en los aprendizajes y no en el contenido (C3). Decidiremos, además, qué metodología es la más oportuna en cada caso y lo justificaremos para el desarrollo de todos y cada uno de los alumnos. En esto los principios del diseño universal del aprendizaje (DUA) serán de gran ayuda (C4). La competencia número 5, podemos considerar que anticipa en 2007 las propuestas de la UE con la revisión de las competencias clave de 2018 y los ODS de Naciones Unidas, recogidos como norma en la LOMLOE. Por lo tanto, estarán presentes también en las situaciones de aprendizaje. Por otra parte, esta misma competencia señala como primer elemento el *diseño de espacios de aprendizaje* que están implícitos en la construcción de las situaciones, si es que estas, como debe ser, se preocupan de la generación de experiencias de aprendizaje bien contextualizadas. La propuesta de formación y generación del pensamiento está dentro de la macro-competencia de aprender a aprender Gargallo y López (2021). Y, como no se puede enseñar a pensar sin actividad de pensamiento o sin objeto sobre el cual pensar, tal como se presenta en Jiménez, Angelini y Tasso (2020), la elección de la metodología — en las actividades formativas que el alumnado ha de realizar para aprender— potencian o limitan el desarrollo del pensamiento en sus diversas vertientes. La elección de las metodologías por lo tanto debe realizarse desde esta perspectiva. Que una asignatura, cualquiera, potencie o limite el pensamiento crítico, por ejemplo, de un alumno depende de cómo se trabaje en ella y no de la asignatura en sí misma.

B. Al cambio en la concepción del diseño curricular en general —y de las situaciones de aprendizaje de forma particular— de forma sistémica y desde el paradigma de la enseñanza centrada en el aprendizaje

El cambio del paradigma, que está por llegar a la práctica de nuestro sistema educativo, ya se formuló en los noventa del siglo pasado. Dos figuras de referencia son Robert Barr y Jhon Tagg que publicaron en 1995 el artículo titulado "From Teaching to Learning" donde realizaban, entre otras consideraciones, un análisis comparativo de los elementos que caracterizan a la educación centrada en la enseñanza y aquella que se centra en el aprendizaje. De las diversas categorías de análisis que estos autores presentan en dicho artículo vamos a seleccionar, traducir y adaptar a nuestro contexto las que mejor nos ayuden a fundamentar las decisiones que plasmaremos en las situaciones de aprendizaje tal como las concebimos en esta obra. Es también la respuesta a por qué la definición de los aprendizajes pretendidos, que en nuestro ordenamiento se encuentran formulados en los criterios de evaluación, son nuestro punto de partida a la hora de diseñar el curriculum de aula y la razón por la que las situaciones de aprendizaje no son arbitrarias sino necesarias y coherentes con este paradigma.

Paradigma centrado en la enseñanza	Paradigma centrado en el aprendizaje
La finalidad de la educación	
Instruir	Generar aprendizaje
Enseñar es transferir conocimientos del profesorado al alumnado. Por eso la clase magistral es la metodología dominante.	Fomentar por medio de la actividad del estudiante el descubrimiento y la construcción del conocimiento. Se imponen las metodologías activas.
Impartir cursos y transmitir temarios	Crear entornos que potencien el aprendizaje
La meta es mejorar la calidad de la enseñanza	La meta es mejorar la calidad del aprendizaje
Se pretende la inclusión del alumnado diverso	Se procura el éxito de todos los estudiantes por diversos que sean
Planificación y estructura de la enseñanza y del aprendizaje	
Visión atomizada: las partes primero y el todo se integrará después (si se puede)	Visión holística: el todo antecede a las partes para que estas cobren sentido.

El tiempo disponible es invariable y el aprendizaje debe ajustarse a él	El aprendizaje es lo esencial y el tiempo es variable y está en función de dicho aprendizaje
Sesiones de clase de la misma duración con temas de similares dimensiones	Creación de entornos de aprendizaje donde se viven experiencias que pueden diferir mucho en el tiempo que precisan
Todas las clases se inician y terminan al mismo tiempo	Unido al rasgo anterior, los entornos de aprendizaje se agotan cuando el estudiante aprende
Un profesor con un grupo en un aula	Es valiosa cualquier experiencia que sirva para aprender lo que abre los espacios y los agentes de aprendizaje posibles
La asignatura manda y los departamentos son independientes	La realidad no está dividida por asignaturas por lo que la colaboración entre estas y los departamentos es habitual y necesaria
El listado de contenidos (el temario) manda	El referente esencial son los resultados específicamente definidos del aprendizaje
El peso de la evaluación final es lo importante y se produce una vez finalizada la instrucción.	Se emplean y complementan la evaluación inicial, la evaluación formativa y la final o sumativa.
La calificación, lo que se va a valorar y en qué medida, depende del profesor que imparte la asignatura y es él quien evalúa.	La evaluación del aprendizaje, al estar definido previamente, puede ser externa.
La evaluación no es transparente desde el principio. Es un asunto privado.	La evaluación es pública y transparente. El alumno sabe de qué aprendizajes se le va a evaluar, mediante qué pruebas y cuáles son los criterios que se emplearán en la calificación de los aprendizajes
Superar una asignatura (u otra unidad curricular) supone "acumular méritos" por las tareas realizadas o las notas conseguidas, en muchas ocasiones habiendo perdido la referencia de los verdaderos resultados de aprendizaje pretendidos	Superar una asignatura (u otra unidad curricular) supone la verificación de los aprendizajes adquiridos comparándolos con los previamente definidos (resultados de aprendizaje pretendidos) para ello se emplearán pruebas capaces de evidenciarlos sin perder nunca la referencia de dichos aprendizajes.
Los roles de los protagonistas del binomio enseñanza/aprendizaje	
Como lo que importa es el contenido a transmitir el profesor es un "conferenciante" que cuenta/explica el temario. Al centro educativo se va a saber qué hay que aprender y luego se estudia	El profesorado tiene como misión esencial la de diseñar entornos, ámbitos, experiencias que propicien el aprendizaje. Al centro educativo se va a aprender.
Los profesores y los estudiantes no interactúan. Cada uno tiene su papel y pueden funcionar de forma aislada.	Los profesores, los estudiantes e incluso otros agentes educativos trabajan en equipo y tienen a los resultados del aprendizaje del alumno como meta.

Los profesores clasifican y seleccionan a los estudiantes.	Los profesores trabajan en equipo y desarrollan las competencias y el talento (-s) de cada estudiante lo máximo posible
Lo importante de un profesor es que sepa de su materia. Cualquiera puede enseñar si su formación de base es la adecuada al contenido	Partiendo de la base de que nadie puede enseñar lo que no sabe, lo importante de un docente es que sepa retar al intelecto del alumnado generando situaciones complejas y motivadoras.

En las situaciones de aprendizaje que proponemos estarán presentes estos principios de forma que cada elemento curricular pueda verse reflejado en alguno de los rasgos de la columna de la derecha que describen el paradigma de la enseñanza centrada en el aprendizaje.

En el paradigma centrado en el aprendizaje, según Barr y Tagg, se parte de la identificación de los conocimientos y habilidades -hoy diríamos resultados de aprendizaje- que el alumnado debe adquirir. Que nosotros encontraremos como punto de partida en el currículo oficial. A partir de ahí, la clave estará en determinar cuál será la evaluación válida y adecuada a la descripción de aprendizajes pretendidos realizada a través de los criterios de evaluación poniendo especial interés en los verbos utilizados que van a determinar las acciones y el nivel de las mismas — recordemos las taxonomías — con sus criterios e instrumentos de calificación. El resto de los elementos curriculares: saberes básicos y otros saberes, metodologías, agrupamientos, materiales, tiempos, ... se deducirán prácticamente de estas premisas. Del bagaje pedagógico del diseñador dependerá el abanico de posibilidades válidas que se pueden poner en juego con garantías de éxito. El marco, el hilo conductor y la finalidad operativa de todas estas propuestas, que son sistémicas y por lo tanto interdependientes, será la situación de aprendizaje.

C. Mostrar cómo aplicar de forma consistente los principios teóricos del alineamiento constructivo de Biggs

En línea con lo expuesto en el apartado anterior donde se aboga por un planteamiento holístico que tiene como punto de partida y llegada el aprendizaje, las aportaciones del profesor John Biggs (2005) profundizan en cómo llevar a cabo las propuestas de la enseñanza centrada en el aprendizaje que proponen Barr y Tagg. Y desarrolla una teoría ampliamente aceptada denominada *alineamiento constructivo*. De la que únicamente presentaremos algunos rasgos. Biggs determina que para el aprendizaje existen cinco componentes críticos que son:

1) Los contenidos que de la enseñanza

2) Los métodos de enseñanza que se utilizan

3) Los procedimientos de evaluación que se emplean, así como los métodos que se usan para comunicar los resultados

4) El clima que se crea en las interacciones con los estudiantes

5) El clima institucional, las reglas y procedimientos que se han de seguir y cumplir

El control que el profesor tiene sobre estos elementos clave es diverso. Quizá el último, relativo al clima institucional sea sobre el que menos control puede ejercer (Gargallo, 2017). Por eso, el establecimiento de un currículo de centro basado en decisiones pedagógicas y organizativas bien justificadas y coherentes con lo que se pretende es esencial. La propia normativa lo establece como elemento previo al inicio del trabajo de programación. Un elemento del que no habíamos hablado hasta ahora es el que aparece en cuarto lugar: *el clima que se crea en las interacciones de los estudiantes.*

Todos los docentes somos conscientes de la importancia que para el aprendizaje tiene este clima y la relación interpersonal. En el fondo la educación es una suerte de interacción de persona a persona por el medio que sea. El empleo de metodologías activas, donde el alumno realiza el trabajo de aprendizaje y construye el conocimiento, genera muchas más ocasiones de interacción. De ahí que la aportación desde el constructivismo que realiza Biggs, con la apuesta por la actividad del estudiante sea muy adecuada.

La solución de un problema, la elaboración de un producto en unas determinadas circunstancias, que el profesor previamente ha organizado para que sea vivida como experiencia —propia de las situaciones de aprendizaje— va a proporcionar las ocasiones oportunas. Estas son mucho más difíciles en una enseñanza donde el profesor es un emisor casi único y que tiene por receptor a un colectivo, el grupo clase, que es diverso, con un solo emisor y un mensaje unívoco, sin poder definir ajuste alguno para adecuarse a esta diversidad. Una pregunta frecuente que se hacen los profesores conscientes de este problema cuando explican es: *"¿para quién explico hoy?"* Sin denostar en absoluto la clase magistral, que es en muchos casos necesaria, debemos apostar por el protagonismo de la construcción del aprendizaje. En la clase magistral también esta construcción es posible, pero depende de la atención, la posibilidad de conexión del conocimiento previo del alumno con los que el profesor transmite y del trabajo invisible de un alumno que quizá, dado que se le suele pedir en la evaluación pura reproducción, decida estudiar más tarde, eso que "el profesor está contando" a lo que seguramente tendrá acceso en distintos formatos.

En el alineamiento constructivo de Biggs la clave está en el establecimiento del currículo en objetivos claros, que desde la perspectiva centrada en el aprendizaje se tornan en la definición precisa de resultados de aprendizaje descritos en los criterios de evaluación. Estos señalan, gracias a los verbos empleados, el nivel de comprensión o ejecución requerido. No es un temario que haya que conocer y reproducir. La formulación de criterios de evaluación que se plantea en la LOMLOE con el modelo de verbo de acción + sobre qué actúa el verbo + en qué circunstancia/con qué finalidad, —que es también la forma en que encontramos los criterios de evaluación del currículo oficial en Secundaria y Bachillerato y en formación profesional gracias a la estructura de criterios y resultados— nos permite a un tiempo complejidad y concreción siendo esa formulación, concreta y precisa, la que ha de regir el resto de los elementos en función de la probabilidad de éxito que estimemos para llegar a los aprendizajes establecidos, tal y como se fijaron.

Para poder auxiliarnos en la determinación de la profundidad de los aprendizajes y su progresión, que debe quedar patente en la formulación de los criterios, están las taxonomías. En muchas ocasiones el criterio de evaluación del currículo es finalista —está establecido para el momento último de la asignatura dure esta un curso o más— y no es frecuente que su adquisición se alcance de una sola vez, ni sin proponer un itinerario adecuado. Más arriba se hablaba del profesor como "tomador de decisiones", decidir la ruta de aprendizaje mediante la definición específica y progresiva de los mismos es una competencia profesional esencial. La más empleada de estas taxonomías es la de Bloom, que data de la década de los 50 del siglo pasado, y que ha tenido algunas actualizaciones. También Biggs ha propuesto su propia taxonomía denominada SOLO por sus siglas en inglés (Structure of the Observed Learning Outcomes).

Una situación de aprendizaje, al igual que una unidad de programación de cualquier nivel de concreción, nunca debe "relacionarse" con un criterio de evaluación. La "definición" clara de los aprendizajes pretendidos, que corresponde a dichos criterios de evaluación, es la base del alineamiento según Biggs. Si este referente se desdibuja con un vínculo débil —como el que se establece con la muy extendida expresión "está relacionado con"— perdemos la posibilidad de alinear el resto de los elementos y ponerlos al servicio del aprendizaje. Cuando esto sucede, que desafortunadamente es muy frecuente y hay que estar muy vigilantes para que no ocurra, la evaluación se desdibuja y se vuelve arbitraria. Se otorga valor a la prueba o al trabajo realizado o se cambian puntos por comportamientos, y no se puede contrastar el aprendizaje pretendido con el realmente adquirido (porque ya no se sabe exactamente qué se pretendía verificar). En el lugar del aprendizaje vuelve por sus fueros el contenido, claro, "objetivo", fácil de evaluar. Y, sin querer, nos deslizamos de paradigma y aparece el protagonismo del profesor, el temario como fin y la evaluación de lo transmitido como modelo, que tiene un buen acomodo en el tradicional examen, donde la verificación de los resultados de aprendizaje que, recordemos, vienen determinados por un verbo de acción, sobre qué actúa ese verbo —los contenidos o saberes— y en qué circunstancia, son muy difíciles de valorar, cuando no imposibles. De hecho, el análisis del qué y cómo evalúa un centro educativo es un indicador clarísimo de cuál es en realidad la impronta educativa y pedagógica del mismo. Seguro que hay mucho más, pero se desarrolla en el currículo oculto.

D. Aportando evidencias de investigación según la propuesta del "aprendizaje visible" de Hattie y Zierer.

Por último, otro de los pilares del proyecto es la propuesta del denominado "aprendizaje visible" de Hattie y Zierer (2017). Para llegar a sus conclusiones, los autores realizaron más de 900 metaanálisis sobre más de 50.000 artículos de investigación, 150.000 tamaños de efectos y 240 millones de alumnos. Entre otras, es inspiradora la siguiente conclusión: "Es importante lo que hacen los profesores, pero lo más importante es tener el marco conceptual adecuado en relación con el impacto que tiene aquello que ellos hacen" (p.31).

Saber cuáles son los resultados reales de la acción educativa en términos de aprendizaje es el motor de cambio que se ha demostrado más eficaz. Los mismos autores abogan por la toma de decisiones basadas en evidencias e inciden en que en Educación no siempre son las evidencias, fundamentadas en investigación, la base de dichas decisiones. El proyecto quiere ser una pequeña aportación en esta línea. Por eso, una de las dos situaciones de aprendizaje que se presentan en esta guía ha sido aplicada y se han recogido evidencias de los resultados de dicha implementación y se presentan sistematizados en la última parte. El método empleado es cualitativo y no pretende generalización sino más bien comprender el fenómeno de la implementación, en muchos casos por vez primera, de una situación de aprendizaje en un determinado grupo-clase. El análisis se asociará a los perfiles de los alumnos y por lo tanto se establecerá un estudio de casos múltiple que permitirá, junto con la percepción del profesor-investigador participante, triangular las percepciones y ganar en la fiabilidad de los resultados.

Referencias bibliográficas

Barr, RB y Tagg, J. (1995). *De la enseñanza al aprendizaje: un nuevo paradigma para la educación de pregrado*. Change: The magazine of higher learning, 27 (6), 12-26.

Biggs, J. (2005). *Calidad del aprendizaje universitario*. Madrid: Narcea.

Contreras, O. R., González—Martí, I., y Gil, P. (2019). *La dificultad de la implementación de una enseñanza por competencias en España.* Archivos Analíticos de Políticas Educativas, 27(121)

Cordero, G. y Carnicero, P. (2021) *¿Quién forma a los futuros docentes? Un estudio conjunto en cuatro países.* Barcelona. Octaedro

Gargallo y Pérez-Pérez (2021) (Coord.) *Aprender a aprender competencia clave en la sociedad del conocimiento. Su aprendizaje y enseñanza en la universidad.* Valencia: Tirant.

Gargallo, B. (2017) *Enseñanza centrada en el aprendizaje y diseño por competencias en la universidad. Fundamentación, procedimientos y evidencias de aplicación e investigación.* Valencia. Tirant Humanidades

Hattie, J., y Zierer, K. (2017). *Mindframes for visible learning: Teaching for success.* London. Routledge.

Jiménez-Rodríguez, M.A., Angelini, M.L. y Tasso, Ch. (Edit.) (2020) *Orientaciones metodológicas para el desarrollo del pensamiento crítico.* Barcelona: Octaedro

Ley Orgánica 3/2020, de 29 de diciembre, por la que se modifica la Ley Orgánica 2/2006, de 3 de mayo, de Educación.

Marcelo García, C. (2009). *Pensamientos pedagógicos y toma de decisiones de los profesores en la planificación de la enseñanza.* Enseñanza & Teaching: Revista Interuniversitaria de Didáctica. Recuperado a partir de https://revistas.usal.es/tres/index.php/0212—5374/article/view/3289.

Murillo, F. J. y Martínez-Garrido, C. (2020). *¿Para qué sirven las revistas de investigación educativa?* Aula Magna 2.0. [Blog]. Recuperado de: https://cuedespyd.hypotheses.org/8298.

Orden ECI/3858/2007, de 27 de diciembre, por la que se establecen los requisitos para la verificación de los títulos universitarios oficiales que habiliten para el ejercicio de las profesiones de Profesor de Educación Secundaria Obligatoria y Bachillerato, Formación Profesional y Enseñanzas de Idiomas

Urkidi, P., Losada, D., López, V., y Yuste, R. (2020). *El acceso a la formación inicial del profesorado y la mejora de la calidad docente.* Revista Complutense De Educación, 31(3), 353-364. https://doi.org/10.5209/rced.63476

2. Arquitectura curricular de la LOMLOE. Del currículo oficial al de aula

El currículo oficial es una parte esencial del sistema educativo de un país. Evidentemente no es la única y necesita de otros factores que lo hagan posible. Mmantsetsa Marope, exdirectora de la Oficina Internacional de Educación de la Unesco, puso de manifiesto su importancia señalando algunos elementos clave que merece la pena reproducir:

El currículo preside la enseñanza, el aprendizaje y la evaluación. Determina:

- El entorno físico de enseñanza y aprendizaje (infraestructuras, libros y materiales de aprendizaje, consumibles, mobiliario, equipos, etc.)
- El personal educativo, especialmente el profesorado.
- El currículo de los estudiantes determina los currículos para la formación inicial del profesorado y para el desarrollo profesional continuo.
- La coherencia en los elementos clave de los sistemas es fundamental para la eficacia del sistema y la eficiencia de los recursos. (Marope, 2017, p. 31.)

Si en el primer capítulo señalábamos el problema de disociación entre la investigación y la práctica educativa, en esta ocasión no tenemos más remedio que señalar la falta de conexión entre el currículo oficial y el currículo efectivamente desarrollado en las aulas. Desde la LOE de 2006 llevamos procurando, teóricamente, llevar a cabo un currículo por competencias. En este momento seguimos pretendiéndolo y estamos lejos de que sea una realidad. Para explicar esta falta de coherencia entre ambos currículos podemos volver sobre el texto de Marope.

En primer lugar, y centrándonos en la etapa de secundaria, bachillerato y formación profesional, no es el currículo oficial—que pretende competencias— el que preside el binomio de enseñanza-aprendizaje y que sigue estando centrado en contenidos. Una de las claves fundamentales para el cambio la da la propia Marope cuando termina la frase con el tema de la evaluación. Es la evaluación la que guía los procesos tanto de lo que los profesores enseñan como los de las estrategias que los alumnos despliegan. Fijémonos en lo que sucede en las Pruebas de Acceso a la Universidad. Se trata de una evaluación que determina el proceso de enseñanza y aprendizaje reales. Como esto es así, nuestra propuesta de diseño comienza, una vez definido el contexto, en identificar con precisión la evaluación tal como se ha propuesto en trabajos anteriores (Jiménez-Rodríguez 2011, 2019a,2019b).

Si el currículo real no ha dado el paso a ser competencial tampoco ha hecho falta cambiar los recursos materiales — el entorno físico de la enseñanza— y podríamos añadir los organizativos o funcionales— como la función de la inspección, la gestión pedagógica, no administrativa, de los centros y, fundamentalmente la organización de la enseñanza medida en horas/semana por asignatura y un calendario fijo, con un espacio para los alumnos y no para el aprendizaje, y un profesor por grupo, que son la base material-funcional del paradigma anterior — y, si hubieran cambiado, sin modificar el paradigma y el resto de factores, posiblemente hubieran sido inútiles pues los que tenemos se adecuan bien al modelo real que los generó y "determinó".

El siguiente elemento es el personal. Podemos agrupar tanto el profesorado en ejercicio como el que está en formación. Tenemos un gravísimo problema con la formación inicial y también con la formación permanente. Posiblemente la clave —más allá de que los planes de estudio de las universidades pueda o no estar desactualizados pues la Orden que los regula data de 2007 y se espera una nueva en 2025-— la encontramos en la pregunta recogida en la obra que lleva por título "¿Quién forma a los futuros docentes?" que coordinaron en 2021 Graciela Cordero y Paulino Carnicero y que aglutina a numerosos investigadores del Observatorio Internacional de la Profesión Docente liderado por Imbernón en la Universidad de Barcelona. El perfil de estos formadores suele estar marcado por los estudios iniciales. Los formadores de educadores en las universidades mantienen fidelidad a este ámbito de conocimiento en el que normalmente investigan y publican. Están en Educación, pero son y se sienten del ámbito de conocimiento del que proceden que es del que tiene formación, donde se sienten seguros y que, desde una visión disciplinar, más pueden aportar. Paradójicamente, están formado educadores profesores doctores en múltiples disciplinas sin un crédito formal de formación en Ciencias de la Educación y sin experiencia alguna de docencia en Enseñanzas Medias. A nivel institucional, el claustro de Máster de Secundaria se complementa con profesores asociados que ejercen en las enseñanzas medias, donde la experiencia y el autodidactismo son lo habitual, estos tienen a su favor su propia experiencia, pero siguen sin formación específica sobre Educación. Cuando estos formadores de formadores enseñan lo hacen de lo que saben, como no puede ser de otra manera.

Por último, Marope establece la coherencia entre los elementos clave para la eficacia del sistema y la eficiencia de los recursos. Con lo dicho hasta ahora podemos ver como esta coherencia interna, este alineamiento, es muy complicado. Tiene los pies en dos paradigmas diferentes. Pero el real se parece mucho más al centrado en la enseñanza que aquel que está centrado en el aprendizaje, como pretende el legal-oficial. Como, además, el resto de los elementos que señala Marope no han acompañado su implantación y el pacto educativo en nuestro país no interesa políticamente, hemos tenido, y desafortunadamente tendremos, cambios continuos de leyes fallidas o, como mucho, un sistema educativo burocratizado y asfixiante donde lo oficial y lo real solo se encuentran en dicha burocracia.

El currículo que se presenta desde la LOE de 2006 hasta la LOMLOE de 2021 pretende ser competencial. Coll y Martin, (2022) establecen cuatro principios para que los aprendizajes lo sean. En primer lugar, que los conocimientos se pongan en acción, que se apliquen. Para ello lógicamente hay que adquirirlos y es en la memoria donde residen. Es falso que con el aprendizaje competencial los alumnos tienen que aprender menos. Sin embargo, sí hay que aprender mejor, porque los conocimientos hay que activarlos y utilizarlos de forma integrada y articulada para responder a situaciones específicas. En segundo lugar, se han de integrar distintos tipos de conocimiento. Las competencias son sinónimo de combinación y de complejidad, por ello la inclusión de distintos tipos de saberes es pertinente y necesaria. Además, en tercer lugar, los contextos son importantes porque las competencias son respuestas a problemas que se plantean en ellos. Tanto el aprendizaje como la evaluación debe estar contextualizada. Y, por último, incidiendo nuevamente en la evaluación, es en la acción, en la ejecución del conocimiento donde se puede realmente establecer el grado de consecución de los aprendizajes.

Estos cuatro elementos se dan en las situaciones de aprendizaje y no necesariamente en las unidades didácticas lo que explica la necesidad de articular el currículo a través de las primeras.

La LOMLOE presenta algunos conceptos clave que más allá de domesticarlos identificándolos sin más con lo ya conocido cambiando solo el nombre, merece la pena entender. Son las ideas las que tienen la capacidad de cambiar la práctica y sin nuevos conceptos, nuevos significados, no hay posibilidad de pensar diferente y, en esto, el currículum actual ha hecho un esfuerzo que puede dar sus frutos. Por otra parte, para que el currículo oficial no se convierta en monolítico y cerrado, perdiendo así la posibilidad de ejercer la libertad de enseñanza de instituciones y centros y hacer realidad la adaptación a los contextos —que se ha demostrado como uno de los factores más eficaces para el aprendizaje— presentaremos a un tiempo la "arquitectura" de los elementos clave del currículo de LOMLOE y cuál puede ser el trabajo que, desde nuestra propuesta, se ha de hacer para tener un currículo institucional y de centro, coherente y bien alineado. Este último elemento, la alineación curricular, es clave en los avances que esta Ley propone en lo pedagógico. La articulación coherente desde las asignaturas a las competencias se "garantiza" y se explicita vinculando los criterios de evaluación a las competencias clave mediante las competencias específicas. Veremos cómo.

El perfil de salida, los descriptores y el modelo institucional de los centros

Un elemento relativamente nuevo es el establecimiento de los perfiles de salida para cada etapa — Educación Primaria, Secundaria y Bachillerato y en algunas CCAA han determinado también el perfil de E. Infantil— a través de la concreción de las competencias clave por medio de descriptores. De este modo, más allá del nombre que puede sugerir unos u otros aprendizajes necesarios, se establecen un conjunto de mínimos que pueden orientar la acción y facilitan compartir significados. Dichos perfiles emplean los mismos descriptores, que son desempeños o acciones que el alumno debiera poder realizar al finalizar la etapa correspondiente, a lo largo de todo el itinerario formativo. Que los descriptores sean desempeños es muy importante porque facilita un horizonte claro y también la evaluación. En Formación Profesional, mucho más diversa en su propósito formativo, se establecen también dichos perfiles que se despliegan luego en competencias y resultados de aprendizaje. Además, las Competencias Clave, que en un principio se circunscribieron para la educación obligatoria, se fueron integrando en otras etapas y momentos educativos completándose con "Competencias Clave para un Aprendizaje a lo Largo de la Vida" que la Unión Europea incorporó en 2010 al resto de aprendizajes, incluida la Formación Profesional.

El perfil de salida está al servicio del objetivo principal del Sistema E"ducativo que es: "Lograr que todas y todos los jóvenes alcancen su máximo desarrollo integral, en un contexto de igualdad de oportunidades, adquiriendo las competencias que les permitirán desenvolverse con garantías en la sociedad global de las próximas décadas". (Preámbulo de la LOMLOE).

La elaboración de este perfil secuenciado tiene diversas fuentes: el proyecto DeSeCo de la OCDE de 2002, la revisión de las competencias clave realizada en 2018 en el seno de la UE e incorpora aspectos de otros acuerdos y documentos internacionales como son los ODS de la ONU o *Key Drivers of Curricula Change in the 21st Century* de la Oficina Internacional para la Educación de la UNESCO.

A partir de la revisión del 2018 las ocho competencias clave incorporan en su definición tres elementos nuevos. En la definición anterior se decía que *son aquellas que todas las personas precisan para su realización y desarrollo personales, la integración social, la empleabilidad y la ciudadanía activa.* A las que se han añadido tres finalidades más, acordes con los tiempos y son: *Un estilo de vida sostenible, éxito en la vida en sociedades pacíficas y un modo de vida saludable.*

Las Competencias Clave se concretan a través de los descriptores operativos que son, como decíamos al inicio, desempeños propios de cada una de dichas competencias. En ellos se incorporan los conocimientos, las destrezas y las actitudes que el alumnado debería adquirir y desarrollar al término de la Enseñanza Básica. Para establecerlos se han elaborado contextualizando para España los marcos europeos y sirven para operativizar las competencias desde un punto de vista curricular.

Pero si los centros, de cualquier tipo, quieren que su propuesta de formación no quede desarticulada, la adaptación debe empezar en este punto. El perfil de salida de la Ley es común y de mínimos, por lo que se ha de asumir por parte de las comunidades educativas. A partir de ahí, habrá que incorporar las propuestas de su propio proyecto educativo.

Esta incorporación no se debe hacer por yuxtaposición. Salvo que la propuesta de formación humana que todo centro debe ofrecer quede relegada a lo extracurricular y al currículo oculto un centro no debería tener la bicefalia de la instrucción "escolar" y, por otra parte, debe darse la formación "personal" que es objeto de tutorías, campañas, y "actividades diversas". Cuando pensamos así, que es muy común, en el fondo seguimos pensando que en clase se aprenden cosas que derivan de las diversas ciencias. Lo de la educación integral—que teóricamente es el centro y fin del currículo oficial— es algo que se procura y desea, pero que no se integra en la dinámica del currículo explícito-real por mucho que el currículo prescriptivo lleve dos décadas proponiéndolo como obligatorio en leyes orgánicas.

La reflexión conjunta y el trabajo realizado con algunas instituciones educativas nos ha llevado a plantear con éxito la integración de la propuesta curricular legal con la propia. ¿Cómo hacerlo? Pues teniendo el perfil de salida oficial como punto de partida ya que este es preceptivo. A partir de él contrastamos las propuestas educativas que derivan del "carácter propio". En este proceso de comparación encontramos elementos que son propios de la legislación, otros, muchos, que son comunes a la propuesta oficial y a la propia, y en tercer lugar propuestas educativas que solo encontramos en las instituciones. El currículo del centro, si quiere ser fiel a la sociedad y su propia propuesta que es pública y vinculante, debe integrar en estos últimos al perfil de salida y convertir sus fines educativos en currículo de aula, propio y legítimo de cada una de las asignaturas.

Los elementos propios se integran entonces en los distintos niveles de los perfiles de salida. Esto se hace bien añadiendo—nunca reduciendo— algunas características a los descriptores que figuran en la Ley o bien introduciendo en el listado de descriptores alguno nuevo que pueda concretar las finalidades educativas que superan lo planteado en el currículo oficial.

De las tres categorías descritas más arriba — lo que sólo encontramos en la legislación, lo que es común y lo que es propiamente institucional— sólo la tercera, exclusiva de los centros, no está categorizada por etapas educativas. Por lo tanto, procederemos a completar el perfil de salida por la etapa de mayor recorrido curricular — por ejemplo, el bachillerato si se trata de un instituto o de un centro integrado— elaborando un itinerario progresivo —regresivo en este caso —de estos mismos descriptores en las etapas precedentes con el modelo de los oficiales. De este modo tendremos un perfil de salida propio y absolutamente necesario para poder después contextualizar el resto de los elementos curriculares, sin que falte la finalidad, en todos los aprendizajes y podamos, en los centros, no solo enunciar cuáles son nuestros grandes objetivos educativos, sino también desarrollarlos en las aulas y evaluarlos. Esto podemos hacerlo ahora mejor que en el pasado gracias al alineamiento curricular del que ha dotado la LOMLOE al sistema y que seguiremos explicitando a continuación por medio de sus elementos clave.

Las competencias específicas

La LOMLOE "no se ha atrevido", como suele decir Javier Valle (2021), uno de los artífices de esta Ley, a proponer un currículo directamente competencial. Si se pretende que el alumnado adquiera competencias parece que el camino correcto hubiera sido establecer una serie de experiencias de aprendizaje que las procuraran de forma inmediata. Pero no ha sido así, pues el currículum escolar sigue centrado en un desarrollo de conocimientos científico-culturales donde el objeto de la enseñanza puede ser prioritario sobre el sujeto que aprende que es el ámbito de las competencias.

Las competencias no se pueden dar si no existen las personas que las adquieren dado que en fondo son "atributos" que configuran a los individuos y que pueden ser aprendidas, es decir forman y conforman la imagen o "el perfil" que alguien puede tener y ser.

A mitad de camino entre las asignaturas tradicionales y las competencias aparecen las "competencias específicas". De forma ordinaria pensamos que la meta se obtiene por medio de pasos más concretos y simples que nos van llevando a ella, que lo general se alimenta de lo específico.

En este nuevo concepto de las *competencias específicas* vemos claramente la "disfunción" de pretender competencias clave y articular el currículo por asignaturas.

De forma intuitiva las competencias específicas pensamos que podrían ser las competencias clave, concretadas en otras más simples o, como su propio nombre indica, estas especificarían aquellas. Pero no es así. Como el currículum sigue siendo por materias o asignaturas las competencias específicas se proponen como los objetivos de aprendizaje, eso sí competenciales, de cada una de las asignaturas.

Es cierto que haber pasado de un currículo real por asignaturas a uno "legal" por competencias habría tenido consecuencias poco controlables. Por una parte, esta opción es positiva: haber pasado de asignaturas a competencias hubiera introducido tal caos en el sistema que lo hubiera tensionado excesivamente. No hay ejemplos vivos suficientes en nuestro contexto a los que poder imitar, ni existe la formación capaz de asumir este gran cambio. Por otra, es negativa: pues seguir con el esquema de asignaturas, sobre todo como es nuestro caso, en la enseñanza media y formación profesional, remite al contenido disciplinar de siempre en primera instancia y vuelve a poner el foco en los conocimientos propios de cada ámbito científico. En él el profesorado se siente más seguro y cómodo y va a hacer muy difícil completar el objetivo general de formación integral que enunciábamos antes, objetivo que, por otra parte, no es en absoluto nuevo y que existe, pero que sigue quedando en el terreno del currículo oculto. Está claro que los criterios de evaluación, donde deberíamos mirar a la hora de saber qué enseñar y evaluar, son competenciales. Pero llevan siéndolo desde el 2006 y no ha sucedido nada relevante. La distancia entre los criterios legales y los reales es excesiva como ya hemos analizado más arriba.

Si las competencias específicas no son "especificaciones" de las básicas, ¿cuál es su relación con ellas?, ¿cómo seguir articulando el currículo? Pues aquí el legislador nos ha pedido realizar cierto acto de fe y nos viene a decir que las competencias clave *están relacionadas con las específicas a través de los descriptores de las distintas competencias.* En definitiva, que no nos preocupemos, que la coherencia está garantizada y que ellos se han encargado de que haya alineamiento y coherencia interna. Para ello encontramos en el BOE y en los diferentes boletines autonómicos una descripción de dichas competencias específicas, su vinculación con otras competencias y con el perfil de salida del alumnado.

La claridad que se logra en la operativización de las competencias clave a través de la definición de los perfiles de salida por etapas y los descriptores, que al ser desempeños permiten evaluación, se pierde aquí donde el concepto de "relación" es real, pero difuso. ¿Hay relación directa, con evidencias de aprendizaje del alumnado, entre lo que se desarrolla en un momento determinado en una asignatura y un descriptor de una competencia clave? ¿Cuál? ¿Por qué? No se define ni se establece el criterio para hacerlo en caso de que alguien que no pertenezca al grupo legislador quiera analizarlo o establecer relaciones nuevas. Hay una relación de sentido, pero no existe un vínculo funcional, efectivo, basado en evidencia que permita a los profesionales y a los claustros conectar el aula con los perfiles de salida de manera clara. Si se pretende un perfil es imprescindible que se sepa qué se va a hacer, cuándo y cómo se va a enseñar y evaluar lo que pueda garantizar que cada uno de los descriptores se consiga.

Además, esta "relación" real e indefinida, que no tiene criterio de adscripción explícito, deja fuera el currículo del centro y se preocupa solo del currículo oficial. Recordamos que tal como hemos planteado en el punto anterior, los perfiles de salida pueden y deben revisarse para dar cabida a las propuestas que emanan de las iniciativas formativas de los centros o instituciones educativas, por lo tanto, en las competencias específicas también es necesaria una adaptación.

Parece evidente que, si la forma de concretar y hacer posibles los perfiles de salida es mediante la consecución de las competencias específicas de las asignaturas, habrá que añadir a estas, como planteábamos en el paso anterior, nuevas competencias específicas o aspectos nuevos en las competencias específicas "oficiales y comunes" que reflejen en el currículo explícito las intenciones educativas particulares que no están presentes en la normativa y que, legítimamente, se proponen a la sociedad y hacen viable el derecho a la enseñanza sin recurrir a currículos paralelos y no integrados en el de aula.

En el siguiente capítulo desarrollaremos una alternativa de análisis de los aprendizajes específicos —indicadores—, integrados en los criterios de evaluación, que serán evaluados. Gracias a ellos se tendrá evidencia de los aprendizajes adquiridos por cada alumno y en qué grado, de manera que se pueda vincular los aprendizajes reales que han sido obtenidos en las aulas y las competencias clave del perfil de salida por medio de la relación sustantiva de dichos aprendizajes con los descriptores.

Los criterios de evaluación

Las competencias específicas se concretan en los criterios de evaluación. Estos son para cada una de las materias— como las competencias específicas— y no necesariamente para cada curso. Son el elemento que nos habla de los aprendizajes concretos que los alumnos han de conseguir superar y por lo tanto, en un paradigma de enseñanza centrada en el aprendizaje, son la brújula del trabajo del profesor. La tarea del docente es que los alumnos, como mínimo, muestren al final de cada determinado periodo para el cual los criterios han sido indicados, que han superado lo que se pretendía.

Al igual que los dos elementos curriculares anteriores, la posibilidad de ampliar dichos criterios con elementos que integren matices o nuevos criterios —nunca reducir, pues el currículo oficial es de mínimos— que hagan posible que se puedan llevar a cabo las competencias específicas de "carácter propio" de cada centro será imprescindible.

El camino de diseño curricular debe poder transitarse, por lo tanto, de arriba abajo, desde las competencias clave, el perfil de salida y sus descriptores hasta los criterios de evaluación o de abajo a arriba, desde los criterios hasta las competencias clave. Si algo plantea de original la LOMLOE es que subraya esta coherencia curricular de forma explícita. En realidad, es el reto que podría hacer posible la finalidad de la educación integral mediante el currículo competencial. Y lo expresa así:

Los criterios de evaluación presentan un reto y es que vayan indisolublemente unidos a los descriptores del perfil de salida, a través de las competencias específicas, de tal manera que no se pueda producir una evaluación de la materia independiente de las competencias clave.

La eficacia de los criterios reside en su formulación y en dejar de una vez de lado la imprecisa fórmula de la "relación con". Lo que se desarrolla en el currículo formal, evidentemente, "está relacionado" con los criterios de evaluación, faltaría más. Sin embargo, esta relación es de *identidad*. Los criterios son descripciones de los aprendizajes en términos de resultados. Es decir, son formulaciones de lo que el alumno hace gracias a lo que aprende en un proceso de enseñanza aprendizaje. Por eso en su redacción establecemos el germen del desarrollo curricular del aula y, gracias al principio de alineamiento, nada es arbitrario. Lo que debemos hacer, una vez definidos los criterios es ver cómo los conseguimos en equipo de la forma más eficaz posible según las personas que han de aprender y sus contextos. En esto consiste la profesión docente. En tomar decisiones que ayuden a aprender, llevarlas a cabo y reflexionar sobre ellas volviendo a la práctica para mejorarla.

La formulación de estos criterios de evaluación—que adoptan la forma de resultados de aprendizaje exactamente igual que se lleva proponiendo décadas en las enseñanzas universitarias, al igual que se incorpora el *perfil de salida* a espejo del *perfil de egreso* vigente en el Espacio Europeo de Educación Superior— se debe hacer del siguiente modo:

1. En primer lugar, se emplea un verbo de acción en infinitivo, lo que lo hace evaluable, expresando el proceso que el alumnado debe adquirir y, por lo tanto, podrá mostrar.

2. A continuación, el contenido, los saberes que el alumno ha de adquirir y sobre los que actúa el verbo. Se expresa con sustantivos y es lo que el alumno debe aprender.

3. Por último, el contexto o modo de aplicación y uso del contenido, la finalidad o, en general la circunstancia—situación— en la que se desarrollará la acción del verbo.

Esta formulación de los aprendizajes pretendidos por medio de los criterios descentra el objeto de la enseñanza de los contenidos disciplinares. Los contenidos o saberes, de los que hablaremos a continuación, son los ingredientes de la receta, pero no el plato que se sirve a la mesa. Son los materiales para la construcción de un proyecto, pero no el proyecto.

Por otra parte, esta formulación de los criterios de evaluación determina un cambio sustancial en la evaluación. Si lo que se tiene que aprender viene descrito por un verbo de acción y en un contexto determinado, solo la realización de dicha acción en ese contexto será capaz de poner en evidencia, manifestar, hacer evaluable, lo que el alumnado ha aprendido, es decir, la prueba de evaluación coincide con la misma acción fijada en el criterio.

Si consideramos lo que llevamos dicho hasta ahora, es fácil intuir que es pertinente y necesario que el currículo se desarrolle mediante *situaciones de aprendizaje*. Como veremos después.

Es en este punto donde situaremos la poco habitual tarea de coordinación de los aprendizajes que se recoge en la propuesta pedagógica del departamento.

La realidad es que, en caso de que exista, la coordinación en los departamentos se realiza por medio de la coordinación basada en contenidos— ni siquiera saberes— y es que los departamentos tienen en su base una concepción disciplinar, no competencial.

Sin embargo, la legislación valenciana establece la propuesta pedagógica de los departamentos en los siguientes términos:

1. Cada departamento, coordinado y dirigido por el jefe de departamento, y en el caso de los centros privados el órgano con competencias análogas tiene que elaborar la propuesta pedagógica de departamento:

- *Reflexionar de manera compartida sobre el sentido de sus actuaciones.*
- *La coherencia de las propuestas que ofrecen al alumnado.*
- *La adecuación de la organización y selección de los materiales.*

2. La propuesta pedagógica para cada departamento tiene que concretar los elementos del currículo necesarios para planificar la acción educativa, así como los instrumentos de recogida y registro de información, y la respuesta educativa para la inclusión. La propuesta incluirá, al menos, los siguientes elementos:

- *La concreción de las competencias específicas en el ciclo o curso en cuestión*
- *La selección de los saberes básicos necesarios para adquirir y desarrollar las competencias específicas,*

- *La concreción de los criterios de evaluación de las competencias específicas.*

Estos acuerdos tienen que formar parte de la propuesta pedagógica correspondiente, que se tiene que recoger en la concreción curricular del centro.

3. La concreción curricular, además de la propuesta pedagógica prevista en el punto 2, tiene que incluir:

- *Los modelos de informes de evaluación para la ESO y el Bachillerato.*
- *Los instrumentos de recogida y de registro de la información.*

Centrándonos en el punto 2, cabe señalar que la enumeración de la concreción de competencias específicas, de saberes y de criterios de evaluación podría no estar alineada y, si eso es así, volveremos a que todo está "relacionado", ¡cómo no!, pero es fácil romper la cadena de transmisión que hace del trabajo en el aula un medio para la educación integral con una propuesta pedagógica sistémica.

De estos tres elementos curriculares señalados por la Administración que los departamentos deben concretar —competencias específicas, criterios y saberes— hay uno que debe marcar la pauta a los demás, que es variable independiente, mientras los otros dos lo son dependientes. Se trata de los criterios porque describen los aprendizajes y todo debe estar en función de estos. La formación en una institución educativa es siempre un itinerario vital que debe recorrer quien aprende. Por lo tanto, la gestión curricular de las instituciones educativas por medio de los educadores debiera conformar un itinerario idóneo para el aprendizaje en cada contexto, donde el claustro acompañase, sin cambios de rumbo ni repeticiones de etapas ni saltos... al alumnado.

Si el paradigma de partida está centrado en el aprendizaje, como sostenemos desde el inicio, son los aprendizajes los que se deben plantear como punto de partida. La cuidadosa redacción y selección de los criterios de evaluación es clave.

Los verbos de los criterios marcan orden, y como el aprendizaje necesita tiempo porque se trata de *transformar por dentro y crecer*, también son indicadores de secuencia cronológica. Los verbos empleados para describir las acciones que manifiestan la profundidad y complejidad con la que se aprende están científicamente clasificados. A estas clasificaciones, como en otras ciencias, se las denomina taxonomías. La más empleada y conocida es la de Bloom que data de la década de los cincuenta del siglo pasado y que ha tenido, ya en los dos mil, algunas actualizaciones. De esta vieja pero clarificadora propuesta de organización, se desprenden al menos dos condiciones: que los aprendizajes están jerarquizados y que no se puede llegar a los aprendizajes de carácter superior sin haber pasado previamente por los menos complejos, es una escalera que se sube peldaño a peldaño. Si a esto le sumamos las aportaciones del constructivismo educativo y de la neurociencia tendremos herramientas para seleccionar, mediante la ordenación de los criterios de evaluación, no mediante los contenidos o saberes, qué va primero y qué después. Además, dentro de cada criterio, que se formulan para el final temporal del periodo que cubre la prescripción curricular, el tipo de aprendizaje definido en el verbo del criterio nos ayudará a redactar otros criterios "intermedios" que pueden ser necesarios, a menudo lo son, para llegar a la extensión o profundidad del criterio finalista. Además, a partir de la determinación precisa de los aprendizajes pretendidos, podemos deducir con cierta facilidad qué saberes son necesarios en cada momento y cuál es el vínculo entre los criterios de evaluación, las competencias específicas y las competencias clave.

Los saberes básicos

¿Por qué llamar a los contenidos saberes? Pues porque el lenguaje es esencial para el pensamiento. Cuando los profesores en particular, y el resto de la comunidad educativa en general, escucha el término contenido piensa en lo que las diferentes materias disciplinarias aportan. Son lo que tradicionalmente se considera en la cultura de las enseñanzas medias qué se ha de adquirir. Son las "cosas de cada ciencia" que siguen siendo la parte del león de nuestras aulas. Solo hay que hacer un análisis de las pruebas de evaluación que se emplean para ver sobre qué versan y enseguida nos daremos cuenta de qué se está enseñando, de qué estudian nuestros jóvenes y de dónde se extraen las calificaciones de los expedientes académicos.

Pasar de contenidos a saberes es una buena idea. El aprendizaje competencial por naturaleza es una combinación de distintos tipos de conocimientos que las personas empleamos a la hora de la acción en un contexto determinado. El concepto de saberes no excluye en absoluto los contenidos disciplinares, pero los superan con creces porque se pretende que la educación sea integral y eso compromete muchos conocimientos y aprendizajes que van más allá de lo disciplinar. Los saberes pueden tener que ver con conocimientos, pero también con habilidades y destrezas, con valores y actitudes, con la dimensión cognitiva pero también la afectiva, la social e incluso la espiritual, la intrapersonal y la interpersonal, ...

Los que el currículo recoge y califica como básicos son aquellos *que no deben faltar*, no son en absoluto todos los que el alumnado puede aprender o los que el profesorado puede, e incluso debe, enseñar. De hecho, las situaciones de aprendizaje, que abordaremos a continuación, pueden estar exigiendo que el alumno adquiera saberes que no aparecen en el currículo pero que se hacen imprescindibles para el desarrollo de estas o para que sean funcionales y cercanas a la vida, que por cierto, es una de las características que las define.

Para la elaboración de la propuesta curricular de centro que los departamentos deben realizar, una vez hecha la secuencia y determinados para cada curso los criterios/aprendizajes pertinentes, vincular los saberes es una tarea deductiva, no inductiva. Si recurrimos de nuevo al símil de la cocina, una vez decidido el menú, un cocinero experto deduce inmediatamente qué ingredientes necesita. En ocasiones la realización de esta tarea nos enfrenta a dos circunstancias: no encontramos saberes en los bloques del currículo que hagan posible la consecución de lo declarado en los criterios, o bien lo contrario, tenemos saberes que no parecen estar relacionados con criterio alguno. Ante esta situación la norma que ha de guiar nuestra toma de decisiones es la sistematicidad del currículo y tener claro que son los criterios de evaluación los elementos que actúan como variable independiente. Si hay saberes básicos —y por lo tanto irrenunciables— que no encuentran acomodo en los criterios tendremos que modificarlos, siempre ampliándolos, pues los del currículo son de mínimos, para darles cabida. Si es lo contrario, tendremos que incluir los saberes que sean precisos. Los cocineros saben si a una lista de ingredientes le falta un elemento en función del plato que van a preparar. Del mismo modo los profesores sabemos que para que un aprendizaje sea posible son imprescindibles determinados saberes. Si los aprendizajes se identifican con los contenidos, el propio contenido se convierte en el centro y entonces todo es *mucho más fácil de determinar*, pero estaremos generando un sistema educativo distinto del que decimos preferir y que además es preceptivo. Evidentemente un sistema centrado en contenidos difícilmente formará integralmente y, si lo hace, será de manera informal, lo que no nos permitirá ni controlar, ni evidenciar, ni mejorar lo que hacemos porque pasaremos de las evidencias a las impresiones a la hora de tomar decisiones.

Las situaciones de aprendizaje

Con la LOMLOE han llegado las situaciones de aprendizaje. Tienen antecedentes claros en el trabajo por proyectos, en las unidades didácticas integradas o en los paisajes de aprendizaje, por citar algunos. Sin embargo, son la forma de articulación del currículo de aula más acorde con los elementos clave como son los criterios de evaluación y su formulación. Si el criterio de evaluación define un contexto, la forma en que se debe aprender debe estar "contextualizada" y, por lo tanto, necesita de una "situación" donde dicho aprendizaje se produzca y tenga sentido.

Existen diversas definiciones de situación de aprendizaje. Aun así, podemos destacar algunas características comunes:

- Son el modo de articulación del currículo que se desarrolla en las aulas.

- Es la planificación organizada de experiencias de aprendizaje en torno a un problema, un reto, al que debemos dar respuesta en un contexto cercano. El reto lo será si está adaptado a los intereses del alumnado y a su situación de partida. El reto motiva si se encuentra dentro de la zona de desarrollo próximo.

- Responden a la descripción de los aprendizajes que realizan uno o varios criterios de evaluación y por, por lo tanto, se generan experiencias que permiten adquirir dichos aprendizajes y evaluarlos.

- Admiten la interacción de aprendizajes simultáneos de diferentes materias, simplemente porque al estar cercanas a la realidad esta lo puede exigir, el mundo no está dividido en asignaturas.

- Siempre hay un producto, material o intelectual, que se puede emplear como instrumento de evaluación. Dicho producto suele estar implícito o explícito en el criterio de evaluación.

- Activa los saberes básicos adquiridos o mejor, exige la adquisición de los saberes sean básicos o no, porque la situación no se resuelve bien si no se poseen.

- Están vinculadas al aprendizaje donde el protagonista es el alumno por lo tanto las metodologías serán activas e invitan a colaborar y también inciden en la metacognición.

- Se trata de un desarrollo curricular coherente con el desarrollo de competencias.

- Favorecen la inclusión y para ello la perspectiva de diseño activa los principios del diseño universal de aprendizaje (DUA).

En el capítulo siguiente profundizaremos sobre las situaciones de aprendizaje e incidiremos en el proceso de creación sobre el principio del alineamiento y la centralidad de los aprendizajes que se describen en los criterios como punto de partida.

En definitiva, para pasar del currículo oficial al currículo del centro y luego al del aula tenemos que conocer bien la articulación de la LOMLOE y concretar, ampliando, el mínimo común que se prescribe en el currículo oficial. Por eso todo debe empezar revisando el perfil de salida, que es un *retrato robot* de los mínimos del sistema educativo y lo transformaremos en la descripción de la imagen de persona que da sentido a la existencia de las diversas instituciones y centros educativos, tanto públicos como privados, pues todo centro tiene en su proyecto educativo el punto de partida y de llegada de su acción. Si enriquecemos este perfil oficial, los medios que la Administración plantea para llegar a él no tienen por qué contemplar lo que se ha añadido como propio, por lo tanto, si no se quieren tener currículos paralelos y dejar en el ámbito de lo informal o no formal dichas propuestas educativas, habrá que implementar lo necesario, a través de las competencias específicas y los criterios de evaluación, para que sean posibles. Los departamentos deben establecer la secuencia y la coordinación para trazar una senda, un itinerario de aprendizaje lógico, ajustado en tiempos y contextualizado, en función de los aprendizajes descritos en los criterios y no en los contenidos disciplinares. Esta es una de las mayores inercias que, hoy por hoy, es más difícil de vencer. Una vez clarificada la acción conjunta y la de cada profesor relativa a cada curso, con los acuerdos que puedan ser necesarios, empieza la tarea de la programación de aula. En ella la forma coherente se encuentra en la sucesión de situaciones de aprendizaje. Pasemos a ver cómo se propone, en el siguiente capítulo, este diseño.

Referencias bibliográficas

Coll, C. Marín, E. (2022): *El trabajo competencial en el aula.* Cuadernos de pedagogía, Nº 537

Conselleria d'Educació, Cultura, Universitats i Ocupació (2022): *Decreto 107/2022, de 5 de agosto, del Consell, por el que se establece la ordenación y el currículo de Educación Secundaria Obligatoria.* DOGV

Cordero, P. y Carnicero, G. (rec) (2021) *¿Quién forma a los futuros docentes?* Octaedro.

Jefatura del Estado (2006) : *Ley Orgánica 2/2006, de 3 de mayo, de Educación.* BOE.

Jefatura del Estado (2020): *Ley Orgánica 3/2020, de 29 de diciembre, por la que se modifica la Ley Orgánica 2/2006, de 3 de mayo, de Educación.* BOE.

Jiménez-Rodríguez, M.A. (2011): *Cómo diseñar y desarrollar el currículo por competencias*. PPC.

Jiménez-Rodríguez, M.A. (Coord.) (2019): *El diseño de unidades didácticas hoy*. Tirant Humanidades.

Jiménez-Rodríguez, M.A. (Coord.) (2019): *Programar al revés*. Narcea.

Ministerio de Educación y Ciencia (2007) *Orden ECI/3858/2007, de 27 de diciembre, por la que se establecen los requisitos para la verificación de los títulos universitarios oficiales que habiliten para el ejercicio de las profesiones de Profesor de Educación Secundaria Obligatoria y Bachillerato, Formación Profesional y Enseñanzas de Idiomas. BOE*.

OCDE (2002): *La definición y selección de competencias clave*. Agencia de los Estados Unidos para el Desarrollo Internacional (USAID).

Oficina Internacional de Educación de la Unesco. (2017): *Training tools for curriculum development*. Geneva: IBE 2017 (4695)

UE (2010): *Informe conjunto de 2010 del Consejo y de la Comisión sobre la puesta en práctica del programa de trabajo «Educación y formación 2010»*. Diario Oficial de la Unión Europea.

Valle, J. (2022): *LOMLOE y cambio educativo: del mito competencial al reto curricular*. Educadores: Revista de renovación pedagógica, N° 284, págs. 4-16

4. Diseño curricular de situaciones de aprendizaje. Guía didáctica

Las **situaciones de aprendizaje** son las células del tejido curricular competencial. Poseen alineados todos los elementos esenciales del currículo en el nivel de concreción del aula y, por tanto, son el instrumento en el que los profesores y maestros piensan y prevén lo que sus alumnos van a vivenciar como **experiencias de aprendizaje**.

Los conceptos de unidad didáctica y situación de aprendizaje[1] están muy próximos cuando el curriculum pretende que los alumnos adquie-

---

[1]. La programación didáctica es el documento en el que se concreta la planificación de la actividad docente en el marco del Proyecto Educativo y de la Programación General Anual. Con el fin de organizar la actividad didáctica, la Programación se concretará en diferentes Unidades de Programación que se corresponderán con Unidades Didácticas o Situaciones de Aprendizaje. En una Situación de Aprendizaje Competencial se concretan y evalúan las experiencias de aprendizaje. Para que estas experiencias de aprendizaje sean competenciales el docente o la docente debe diseñar Unidades Didácticas o Situaciones de Aprendizaje con tareas y actividades útiles y funcionales para el alumnado, situadas en contextos cercanos o familiares, significativos para este, que le supongan retos, desafíos, que despierten el deseo y la curiosidad por seguir aprendiendo; experiencias de aprendizaje que impliquen el uso de diversos recursos; que potencien el desarrollo de procesos cognitivos, emocionales y psicomotrices en el alumnado; que favorezcan diferentes tipos de agrupamiento (trabajo individual, por parejas, en pequeño grupo, en gran grupo). De igual forma, las metodologías elegidas deberán contribuir al éxito de los aprendizajes fomentando la motivación, facilitando el proceso y contribuyendo a una buena gestión del clima del aula. Por último, los productos elegidos deberán ser adecuados para la observación de los aprendizajes descritos en los Criterios de Evaluación, siendo coherentes con los procesos cognitivos, emocionales y psicomotrices en ellos descritos. El diseño debe tener como referencia uno o varios Criterios de Evaluación, que nos darán las claves de nuestra Situación de Aprendizaje, y a través de los cuales evaluaremos el logro de los aprendizajes descritos en estos Criterios al mismo tiempo que evaluamos el grado de desarrollo de las Competencias vinculadas a los mismos. https://www3.gobiernodecanarias.org/medusa/ecoescuela/sa/que-es-situate/orientaciones-sa/

ran competencias y tiene como elemento generatriz el criterio o los criterios de evaluación. Gracias a que se van superando dichos criterios, se adquieren las competencias específicas de cada área o materia y por fin, y gracias a los descriptores con los que se relacionan, van completando progresivamente el perfil de salida, que no es otra cosa que una concreción de las competencias clave. Estos perfiles están descritos en las etapas de Educación Primaria, Secundaria Obligatoria y también para el Bachillerato con una intención clara de continuidad que se revela en que son las mismas competencias y los mismos descriptores para todas estas etapas. En el capítulo anterior ya se ha descrito cómo llegar de este perfil estandarizado al de centro

Esta estructura curricular entronca también con las descripciones de perfil de egreso que se tiene en la Universidad desde la entrada en vigor del Espacio Europeo de Educación Superior, que se proponen, no como competencias clave, sino como resultados de aprendizaje de la titulación que se trate y que definen el perfil de egreso. Estos resultados son el alma de los títulos y se van consiguiendo a través del itinerario formativo que es el plan de estudios. Cada asignatura tiene a su vez resultados de aprendizaje que hacen posibles los del título. La formulación adoptada para los criterios de evaluación en las etapas iniciales y para los resultados de aprendizaje de la universidad es idéntica. Estamos, por tanto, en un momento de unificación del Sistema Educativo completo en función de competencias. La Formación Profesional, pionera en la introducción de las competencias en el curriculum, también se articula con un esquema semejante, donde las competencias se desglosan en resultados de aprendizaje, y estos en criterios de evaluación, que sirven a un tiempo para describir lo que los alumnos deben aprender y de qué deben ser evaluados.

Esta guía, con explicaciones exhaustivas, pretende justificar cada uno de los pasos que deben darse. Siempre con dos elementos subyacentes: el paradigma de la educación centrada en los aprendizajes y el alineamiento constructivo de John Biggs que, evidentemente, son complementarios. De este modo, el lector encontrará en ella el porqué de cada elemento curricular. Está pensada para iniciarse en el diseño o, en el caso de la formación de profesores en ejercicio, poder comprender mejor el alineamiento necesario de cada paso.

Finalmente, ofrecemos una versión de las tablas, sin anotaciones, que pretende facilitar una estructura para organizar el pensamiento y materializar el diseño curricular. Es imprescindible no pasar a emplear la segunda versión sin haber asimilado la primera. Si no lo hacemos así, el proceso de diseño, en lugar de ser un lugar de creación, puede convertirse en lo contrario: en una experiencia burocrática consistente en "rellenar celdas" de documentos con espacios en blanco.

Plantilla para el diseño de situaciones de aprendizaje. (Guía didáctica)

Paso 0.Título y presentación general

Título de la situación de aprendizaje
Las "Situaciones de Aprendizaje" son experiencias que se vivencian en un contexto. Por eso el título puede ser un *anuncio* que indique, de forma atractiva, lo que se va a vivenciar y no el "contenido o el tema" que se va a tratar. Como en cualquier "creación", el título puede ponerse al final, cuando hayamos diseñado bien toda "la obra".
Presentación de la SdA: Breve explicación sobre lo esencial de la SdA. ¿Qué se va a aprender? ¿Por qué es adecuada? ¿En qué consiste (a grandes rasgos)?

}

Paso 1. Contextualización (marco curricular y de aplicación)

		Identificación curricular y ubicación temporal			
Etapa/nivel/curso		Competencia/s especifica/s y criterio/s de evaluación.	Solo las referencias	Trimestre/eva-luación	
Área o materia		Competencia/s específica/s y criterio/s de evaluación de otras áreas/materias.	Solo las referencias	Periodo aproximado de implementación (semanas)	*Se pueden numerar las semanas del trimestre*
Otras áreas/materias vinculadas	El vínculo debe ser sustantivo, es decir, están vinculadas porque se va a aprender y evaluar los aprendizajes que definen los criterios de valuación elegidos de otras áreas o materias, no que haya relación en el tema o se empleen aprendizajes de otras áreas o materias	Saberes básicos y complementarios	Solo las referencias	Nº de sesiones	
		Contexto de aplicación de la SdA			

El centro: Hay que tener en cuenta la **línea pedagógica del centro**, las **decisiones pedagógicas del ciclo o departamento** y, por supuesto **los destinatarios**. Las características del alumnado para el que diseñamos la Situación de Aprendizaje en el contexto de aula que es donde se desarrollará ordinariamente.

Aquí especificamos las características de las necesidades específicas de apoyo educativo (NEAE) que tendrán que verse reflejadas en el diseño de la SdA Podremos emplear la clasificación oficial de la siguiente tabla para definir la tipología de los diferentes perfiles de necesidades :

Necesidades educativas especiales derivadas de discapacidad, trastornos graves de conducta y/o trastornos graves de comunicación y lenguaje	Altas capacidades	Trastornos atencionales. TDA-H	Condiciones personales o historia escolar	Desconocimiento grave de la lengua de aprendizaje
Incorporación tardía al Sistema Educativo	Dificultades en la Enseñanza-Aprendizaje o Trastornos de aprendizaje	Retraso madurativo	Trastornos del lenguaje y la comunicación	Vulnerabilidad socioeducativa

Para que la SdA sea más inclusiva aplicaremos los Principios y pautas DUA. Los Principios del Diseño Universal del Aprendizaje (DUA) y las Pautas básicas que los desarrollan "no deberían aplicarse a un único aspecto del currículum ni deberían ser utilizadas sólo con unos pocos estudiantes. Lo ideal sería que las Pautas se utilizaran para evaluar y planificar los objetivos, metodologías, materiales y métodos de evaluación con el propósito de crear un entorno de aprendizaje completamente accesible para todos". Idealmente esto sería lo adecuado. Sin embargo, realizar este diseño para todas y cada una de las propuestas curriculares (en las que además se podrían simultáneamente aplicar varias pautas) sería interminable. Vamos a tener en cuenta la aplicación del DUA en función de las características generales del grupo y también de las necesidades educativas especiales que hayamos determinado en el apartado anterior para alumnos concretos. Para poder señalar qué tipo de pauta emplearemos, pondremos a continuación de la actividad de la que se trate el código correspondiente. Por ejemplo, DUA 3.2 significará que la actividad contará con opciones para la expresión y la comunicación diversa. (por ejemplo, por escrito o por oral o expresando el resultado gráficamente o con un podcast...), Esta codificación es la que emplearemos en las tablas que despliegan la secuencia didáctica de cada sesión

PRINCIPIOS DUA	PAUTAS DUA		
1. Proporcionar múltiples formas de representación.	1.1 Proporcionar opciones para la percepción.	1.2 Proporcionar opciones para el lenguaje, expresiones, matemáticas y símbolos.	1.3 Proporcionar opciones para la comprensión.
2. Proporcionar múltiples formas de Acción y Expresión.	2.1 Proporcionar opciones para la acción física.	2.2 Proporcionar opciones para la expresión y la comunicación.	2.3 Proporcionar opciones para las funciones ejecutivas.
3. Proporcionar múltiples formas de compromiso al alumnado	3.1 Proporcionar opciones para el interés.	3.2 Proporcionar opciones para sostener el esfuerzo y la persistencia.	3.3 Proporcionar opciones para la autorregulación.

Paso 2. ¿Qué se va a aprender y qué importancia tiene?

(Los números corresponden a las indicaciones y justificaciones teóricas, que han de guiar las decisiones del diseño, presentes en la tabla)

Dado que partimos de un paradigma centrado en el aprendizaje, esta es la tabla más importante de todas. Es el elemento generador de toda la SdA, desde donde todo toma sentido. En la SdA tenemos como referencia los elementos curriculares y perseguimos los aprendizajes que definimos en el punto 3, donde se concreta, para esta situación—lo más exactamente posible— lo que los alumnos van a aprender, es decir, el conocimiento, del tipo que sea, que van a incorporar.

1. **Competencia/s Específica:** Competencia/s específica/as a la que pertenece cada uno de los criterios de evaluación del currículo oficial.

2. **Criterio/s de evaluación del currículo:** El currículo oficial describe, en los criterios de evaluación, los aprendizajes mínimos y comunes que el alumnado debe adquirir.

3. **Criterio/s de evaluación de la situación de aprendizaje:** Ten en cuenta que el criterio del currículo oficial (concretado en el centro) es para el final del periodo para el que se describe (final de etapa, ciclo, ...). Si el criterio no pudiera ser abordado entero en el momento del curso en el que se esté—por ejemplo, la primera evaluación del primer curso no permite llegar a todo lo que describe el criterio del currículo oficial pues todavía necesitamos que los alumnos adquieran aprendizajes previos— **describiremos en el criterio/s "exactamente" los aprendizajes que se pretendan adquirir en este periodo** con la fórmula: verbo de acción + sobre qué actúa el verbo (normalmente saberes básicos y otros saberes) + la circunstancia en que esta acción se debe realizar que en ocasiones expresa la finalidad.

Si en una situación de aprendizaje trabajas únicamente con parte del criterio no olvides **que deberás volver, más adelante, al criterio completo** en otra. Por otra parte, el criterio del currículo oficial es de mínimos. Amplíalo/s si lo consideras necesario. Nunca lo reduzcas, porque es de mínimos y no es posible salvo porque estás en proceso de llegar a él como se explicaba antes. Si lo haces, además, seguramente dejará de ser competencial. Lo que se añade a los criterios de evaluación refleja y da cabida, lógicamente, al segundo y tercer nivel de concreción curricular, (que corresponden a los niveles de centro y aula respectivamente). Si los criterios no se amplían (o "reescriben" siempre añadiendo algo) el currículo sería cerrado y el mismo para todos los centros (con lo que no existiría autonomía pedagógica y libertad de enseñanza).

4. Indicadores y evidencias: Los Indicadores

son siempre los diferentes aprendizajes que se combinan (porque el criterio es competencial) en el criterio e interactúan en la acción que se describe en dicho criterio; no existen por separado. Si nos olvidamos del criterio y nos centramos en los indicadores como unidades independientes volvemos a los objetivos operativos. Son más "concretos" pero dejan de ser competenciales. Los objetivos operativos y las competencias son conceptos antagónicos.

-Como la formulación del criterio es: verbo de acción + sobre qué actúa el verbo (saberes) + circunstancia en la que se realiza la acción, es muy fácil que haya que combinar diversos aprendizajes que son necesarios para que lo expresado en el criterio se cumpla.

-Los Indicadores permiten fijar los aprendizajes clave de cada criterio/s de evaluación de la SdA.

-Guían la acción docente en el diseño del proceso y son también imprescindibles para la evaluación porque concretan qué evaluar.

Las evidencias

-A menudo los indicadores siguen siendo complejos. Puede necesitar ser desglosado o especificado a su vez **en evidencias**, que son conductas concretas esperadas en función del proceso de enseñanza aprendizaje que planifiquemos.

-De este modo, también explicitaremos "hasta dónde" se pretende llegar en cualquier aprendizaje de forma concreta. Esta descripción permite graduar los niveles de adquisición d ellos aprendizajes, facilitando la construcción de instrumentos de calificación.

Para explicitar la relación entre los criterios, los indicadores y las evidencias emplearemos numeraciones decimales Criterio 1/Indicador1.1/Evidencias 1.1.a, 1.1.b, ...

5. La calificación

Es la medida del grado de consecución de los aprendizajes descritos en los criterios y concretados en los indicadores y las evidencias.

En esta columna pondremos el valor, en porcentaje ya que empleamos la base 10, que atribuimos a los aprendizajes que hemos establecido por medio de los criterios de evaluación que los describen.

Si solo hubiese uno, su valor sería del 100%. Es decir 10 puntos. Si hay varios, la primera decisión es atribuir valor relativo a cada uno de los criterios. (La suma será el 100%, 10 puntos).

Cada criterio puede estar concretado en indicadores, y a estos les otorgaremos el valor que creemos que deben tener dentro del criterio. La suma de los indicadores es igual al valor del criterio que concretan.

Del mismo modo, las evidencias también pueden tener valores distintos por lo que la suma de los valores de las evidencias es igual al valor del indicador del que dependen.

Es un error común atribuir porcentajes de calificación a las pruebas (y decir que estos valores son los criterios de calificación) como si estas tuvieran valor por sí mismas.

La prueba *per se* **no vale nada.** Recibe el valor del aprendizaje que pretende evidenciar para que pueda ser evaluado. Por esa razón, si queremos saber qué valor damos a cada prueba de evaluación **deberemos asignar valores a cada uno de los aprendizajes que pretendemos** (y que se definen en los criterios de la SdA). **La prueba recibe el valor del aprendizaje que evalúa.** Las calificaciones no son "el pago" de las tareas que el alumno realiza, sino la valoración de los aprendizajes adquiridos.

Competencia/s Específica/s	Criterio/s de evaluación del currículo	Criterio/s de evaluación de la situación de aprendizaje	Indicadores y evidencias	La calificación, (medida del grado de consecución de los aprendizajes descritos en los criterios concretados en los indicadores y las evidencias)
1	2	3	4	5

Paso 3 ¿Cómo se evaluarán y calificarán los aprendizajes?

3.1 La/s prueba/s de evaluación/producto final de la SdA. La evaluación inicial y la evaluación continua

La evaluación final o sumativa

- Una prueba de evaluación puede ser cualquier actividad[a] que el alumno realice (en coherencia con la acción del verbo/s del criterio/s) y que permita evidenciar los aprendizajes descritos en el/los criterio/s de evaluación. Muchas veces, la prueba de evaluación final o sumativa coincidirá con un producto que está implícito, a veces explícito, en dicho criterio/os y que, por ende, lo será de la SdA porque esta es el medio para lograr los aprendizajes.

- Normalmente, será una tarea (por la complejidad, contexto y finalidad, que coinciden con los criterios de carácter competencial) que en las SdA coincidirá con el "producto final" al que se orienta la situación diseñada.

- **La prueba será válida, si y solo si, al ser realizada por el alumnado, se puede evidenciar/verificar que los aprendizajes descritos en el criterio han sido adquiridos.** Para ello debemos poder "ver" lo que hayamos establecido en los indicadores y en las evidencias empleadas para determinar mejor los aprendizajes esperados en la SdA. Si puede ser, en la misma "unidad de acción" porque esta "combinación simultánea" es propia de las competencias por definición, o en la secuencia de ejercicios, actividades o tareas que conduzcan a ella.

- Si no es posible, cambia de prueba hasta que la encuentres o incluso cambia de Situación de Aprendizaje porque **no es la situación, sino el aprendizaje, lo que hemos tomado como punto de partida y variable independiente** y tiene su origen en el currículo que hemos de desarrollar. Las situaciones de aprendizaje son medios y no fines y como tales debemos supeditarlas a los aprendizajes siendo fieles al paradigma al que nos acogemos.

- La experiencia de aprendizaje que culmina en el producto final de la **situación de aprendizaje que diseñes será, seguramente, el mejor escenario para evaluar**. La evaluación sumativa-final será el "espejo" del criterio/s de evaluación.

La evaluación inicial

Por supuesto, puede haber **evaluación inicial**, situada al comenzar la SdA, que no pretende calificar, sino verificar el punto de partida y orientar tanto el trabajo del alumnado y profesorado.

Y también evaluación continua o formativa

Que se realiza en el proceso para verificar cómo va el aprendizaje y poder tomar decisiones. No tiene como fin intrínseco calificar, sino generar información. Sin embargo, es posible que este tipo de evaluación necesaria, pueda ser objeto de calificación (sobre todo para estimular el estudio y trabajo de los alumnos) la calificación en la evaluación formativa tomará parte del valor que se haya atribuido al criterio o al indicador sobre el que estemos trabajando, puesto que no hemos llegado al punto final.

Si valoramos algún criterio completo antes de terminar el tiempo dedicado ala SdA no sería evaluación continua sino final (pues estamos valorando el criterio en su punto de llegada y no mientras se realiza el aprendizaje) y podríamos calificarlo con lo que se haya decidido en el paso 2

El diseño de estas pruebas debe seguir la misma lógica (determinar a qué criterio se dirige la verificación del proceso siempre concretando lo que se espera en el punto en el que se esté).

---

2.   Emplearemos el término actividad para denominar genéricamente las acciones que el alumnado realice en el proceso de aprendizaje, sean estas ejercicios, actividades o tareas.

3.2 La calificación y sus instrumentos

- Para cada prueba/s de evaluación ¿qué instrumento/s de calificación serían el/los más adecuado/s?

- Para poder calificar con mayor objetividad, (y para poder activar todos los beneficios que tiene explicitar los criterios de calificación) diseñaremos y emplearemos instrumentos de calificación. Los principales son la rúbrica, la lista de chequeo o *check-list* y la escala de valoración.

- **Realizaremos una rúbrica** cuando los aprendizajes evidenciados en la prueba de evaluación (que nunca deberían ser ni más ni menos que los descritos en el criterio) sean un continuo —hay cierta "escala de grises" en la calidad de lo aprendido— y, además, podamos determinar fácilmente las conductas esperadas por los alumnos una vez hayan realizado el proceso de enseñanza-aprendizaje que vayamos a llevar a cabo. Esto es muy importante. Por ejemplo, no podemos esperar lo mismo si a algo se le ha dedicado poco o mucho tiempo. Las filas de las rúbricas serán los indicadores y las evidencias nos servirán para construir las columnas de las tablas rellenando las celdas con descripciones concretas de las conductas esperadas.

Si no podemos describir estas conductas con precisión, pero sí vamos a evaluar los indicadores y establecemos una gradación, de mucho a nada, de muy bien a mal o muy mal, o cualquier otra escala, el instrumento que tenderemos **será una escala de valoración.**

- Si los aprendizajes que vamos a evaluar se pueden diferenciar dicotómicamente (sí/no; conseguido /no conseguido) lo mejor es que empleemos **una lista de control o de chequeo. (check-list).**

- Como decíamos antes, emplearemos **la escala de valoración** cuando no sea sencillo concretar las conductas que esperamos (por ejemplo, cuando la solución de un problema o situación sea divergente y varias sean posibles). Se **indicarán los aspectos a valorar** (indicadores) y se establecerá la escala en que estos serán valorados, **pero no "qué significa" en términos de resultados o conductas observables, evidencias, cada una de las valoraciones posibles.**

- El instrumento de calificación más adecuado en cada caso se asocia a la prueba de evaluación concreta y emplea los indicadores y las evidencias que se han descrito en el punto 2. El valor **que tendrán ya ha sido determinado en el paso 2 (por medio del valor/importancia atribuida a los aprendizajes).**

- **El valor de cada prueba, como se ha dicho, depende del valor del aprendizaje que pretende poner en evidencia.** Recuerda que, por sí misma, la prueba no tiene valor, lo obtiene del aprendizaje que evidencia.

- Los instrumentos de calificación (rúbricas, listas de chequeo, escalas de valoración, ...) emplearán los indicadores y las evidencias como instrumentos esenciales para su construcción y **evitarán incluir otros que no formen parte de los aprendizajes descritos en los criterios** (pues normalmente, no deben ser evaluados aspectos que no han sido objeto de enseñanza-aprendizaje). Cuidado con las rúbricas, listas de chequeo, escalas... estandarizadas, valoramos los aprendizajes adquiridos en función **del proceso concreto que los alumnos han llevado a cabo** concretamente y no sobre la descripción de la conducta óptima. Este es un error común que lleva a comparar al alumno con características que no han sido objeto de enseñanza, o lo contrario, ya han sido conseguidas, por lo que no valoran **aprendizaje alguno** (ya que entendemos el aprendizaje como incorporación de conocimiento del tipo que sea).

3-3 Sistema de evaluación (inicial, continua-formativa y final): Aprendizajes, pruebas e instrumentos de calificación.

En este cuadro indicaremos los aprendizajes que verificaremos en cada momento y el tipo de evaluación.

Evaluación inicial

Aprendizajes a evaluar	Criterio de referencia	Prueba	Inst. de calificación

Evaluación continua-formativa

Aprendizajes a evaluar	Criterio y/o indicador de referencia	Prueba	Instrumento de calificación	Valor de la evaluación continua con respecto al criterio de referencia

Evaluación final /sumativa

Saberes/aprendizajes	Criterio/s que evalúa	Prueba/producto final	Instrumento de calificación	Valor en la situación de aprendizaje

Paso 4. Relación con las competencias del perfil de salida (PS) de la etapa

- **A partir de los indicadores** (los mismos que se han establecido al inicio en el paso 1, que son los que vamos a valorar como elementos clave del criterio/s), se vincularán las competencias clave y los descriptores del perfil de salida correspondiente al curso para el que se programa la situación de aprendizaje.

- Elegiremos **solo uno** de estos descriptores. *El que mejor se relacionen con cada uno de los indicadores.* Lo hacemos con los indicadores porque son **"unidades de sentido formativo"** *que estaban interactuando dentro del criterio.* *Y, a menudo, pueden (paradójicamente) pertenecer a distintas competencias clave del perfil de salida.*

- Como tenemos datos **sobre qué ha aprendido cada alumno** (los hemos evaluado) y pueden estar vinculados —aunque **pertenezcan al mismo criterio**— a competencias diferentes, podremos después tener una valoración más precisa sobre **el nivel de competencia adquirido por cada estudiante.**

Para ser más precisos, concretamos el descriptor con el que cada indicador evaluado tiene un mayor vínculo. Así, si en todas las áreas o materias procedemos del mismo modo, cuando queramos valorar el nivel de competencias adquirido, podremos tener un buen número de valoraciones para cada competencia e incluso algunas para cada descriptor. Esta información facilitará la elaboración de planes personalizados y la determinación, no solo de las competencias adquiridas, sino el nivel de cada una de ellas en relación con el perfil de salida pretendido en la etapa.

Indicadores evaluados	Competencia clave (PS)	Descriptor (PS)

Paso 5. Los saberes básicos

Saberes básicos (conocimientos, destrezas y actitudes) del currículo oficial *y los necesarios para completar los aprendizajes descritos* en el criterio/s de evaluación de la situación de aprendizaje	Área o materia	Bloque
-Se trasladan aquí los saberes básicos que están en el currículo que vamos a aplicar en el centro (partiendo del oficial).		
-Se listarán todos los que sean necesarios para que los aprendizajes descritos en el criterio-s se puedan llevar a cabo.		
- Como los saberes básicos están agrupados por bloques, podemos registrar el bloque al que pertenecen. Nos ayudará a ello elegir los saberes básicos relacionados con la Competencia Específica a la que pertenezca el criterio o criterios de la situación de aprendizaje (o las indicaciones que algunas CCAA hayan establecido en sus concreciones curriculares).		
- Al igual que los criterios del currículo oficial, **los saberes básicos no son lo único que los alumnos tienen que aprender** (la LOMLOE los ha establecido como aquellos que son *imprescindibles* y sin los cuales los alumnos podrían tener dificultades en su desarrollo personal). Por lo que siempre es posible (y necesario porque el fin de la educación es llevar a los alumnos al máximo de sus posibilidades) añadir otros saberes. Estos deberán estar, por supuesto, **implícitos y exigidos por los aprendizajes del criterio/s elegido/s en la situación de aprendizaje**, razón por la que es necesario también ampliar los criterios si estos saberes no estuvieran implícitos claramente en el criterio. Esto tiene lógica en la estructura sistémica del currículum. **Cuando se modifica un elemento suele ser necesario modificar los demás.**		
- Al igual que en los criterios, los saberes que exige la SdA pueden pertenecer a otras áreas o materias		
Los saberes que sean necesarios en la SDA y no estén en el currículum los denominaremos **complementarios**. Si el centro en su concreción curricular ha establecido una clasificación pondremos las referencias correspondientes.		

Paso 6: Secuenciación didáctica: temporalización, saberes, metodología/ secuencia de actividades, agrupamientos, espacios y recursos

Explicamos en la tabla siguiente los criterios con los que completaremos la secuencia didáctica del paso 6

- Este apartado **recoge el fruto de las decisiones anteriores y las convierte en una secuencia didáctica de enseñanza-aprendizaje.**

- Responde al resto de cuestiones esenciales del currículo. *Tales como: CUÁNDO, QUÉ, CÓMO y con QUÉ MEDIOS van a aprender los alumnos* (distinto de cómo vamos a enseñar).

- Se parte de la determinación del tiempo que dedicaremos a cada actividad formativa. Luego los saberes, para saber sobre qué vamos a incidir. Luego las actividades formativas (regidas por las metodologías o los ejercicios, actividades y tareas propuestos), el tipo de agrupamiento, los espacios y los recursos (materiales y humanos) en los que podemos referenciar para cada actividad la documentación que incluiremos en los anexos, pues las tablas no son un buen lugar para explicar de forma extensa las actividades propuestas.

- También recordaremos **el criterio o el indicador al que se dirige** cada una de las acciones formativas propuestas.

- Finalmente reservamos una columna para poder, potencialmente, en cada una de ellas, asignar el **código correspondiente a las pautas DUA.**

- Incluiremos **todas las actividades que sirvan para aprender,** lo que **incluye las tareas que se planteen para realizar fuera del aula,** en particular los denominados *deberes,* por parte del alumnado (de lo contrario estaríamos programando nuestro trabajo y no el del alumno que es el protagonista del aprendizaje).

- Y las que tengan por **finalidad verificar/evaluar los aprendizajes (ya sea en la evaluación inicial, continua o formativa o sumativa o final).** En este momento no podemos entrar en detalles en aras de la claridad del diseño general de la SdA. Posteriormente habrá que especificar mejor cada sesión, que necesitará de un desarrollo más específico, en cada uno de los elementos que entran en juego.

Temporalización

De forma general. En sesiones (o parte de ellas). Para cada paso de la secuencia de ejercicios, actividades o tareas de la metodología elegida

Saberes	-Son los que se han decidido en el paso 5. - En este caso se sitúan en la secuencia como "objeto" de aprendizaje. Para mayor claridad podemos copiarlos. - Al igual que los criterios de evaluación, los saberes enunciados en el currículum (básicos) y los complementarios deben ser concretados pues a menudo aparecen de forma muy general en él y ahora **necesitamos saber exactamente qué va a aprender el alumno** (sean conceptos, procedimientos o actitudes) que sean precisos para que el alumnado adquiera los aprendizajes necesarios en la SdA. - En ocasiones estos saberes deben abordarse juntos para que una acción formativa sea posible (Por ejemplo: si el saber es "ser crítico" lo lógico es que se sea con "algo" que puede ser un concepto, un procedimiento o una actitud).
Metodología/ secuencia de acciones formativas	- La metodología es un **sistema de actividades** determinado. - **Nunca es arbitraria** ni vale por sí misma, pues no todas sirven de la misma manera. Ha de elegirse siempre la que mejor se alinee con los resultados de aprendizaje que se pretendan conseguir (y también con las características de los alumnos (donde entran en juego los principios DUA), los profesores que las van a llevar a cabo, el tiempo y los recursos disponibles). - En muchas ocasiones el criterio de evaluación nos va a señalar claramente cuál es la metodología que debemos elegir pues el verbo, que señala la acción o el conjunto de circunstancias/ finalidades (para las que se emplean frecuentemente verbos en gerundio, adjetivos o adverbios), indican el modo en que las acciones del criterio deben llevarse a cabo y, por tanto, cómo deben ser aprendidas para que esto sea posible y coherente. Son sistemas de actividades con estructuras reconocibles por los profesionales y la comunidad científica, por ejemplo: · Los proyectos y los proyectos de comprensión. · Aprendizaje basado en problemas. · Estudio de casos. · Debates. · Simulación y role playing. · Aprendizaje por rincones. · Aprendizaje por contrato. · Rincones y contratos combinados. · Aprendizaje por tareas. · Aprendizaje basado en retos. · Aprendizaje servicio. · Aprendizaje experiencial. · Web Quest · Design Thinking. · Aprendizaje basado en el pensamiento y rutinas de pensamiento. · Clase invertida o Flipped Classroom. · Gamificación. · Escape Room educativo. · Aprendizaje cooperativo · Estructuras cooperativas simples (Spencer Kagan) · Empleo de herramientas y recursos TICs integrados en las metodologías (incluida la IA)

Metodología/ secuencia de acciones formativas	· Círculo y asamblea. · Centros de interés. · Talleres. · Exposiciones. · Tertulias dialógicas. · Seminario clásico. · Tutorías (como método de aprendizaje personalizado). · otros - En el caso de que no empleemos ninguna de estas metodologías, sino que optemos por generar una secuencia de ejercicios, actividades y/o tareas, describiremos en qué consisten para que cualquier profesional pudiera llevarlas a cabo con el alumnado. - Incluiremos en la secuencia las actividades que los alumnos deban realizar en casa de forma individual o en equipo. Esto es esencial para racionalizar los "deberes" e integrarlos en el proceso, teniendo en cuenta el trabajo "extra-escolar" que se manda y teniendo el centro como lugar privilegiado para el aprendizaje. Nuestro sistema es uno de los que más horas lectivas tiene en Europa y muchas veces el aprendizaje se realiza en casa, con una carga de "deberes" muy por encima de la media, lo que genera infinidad de problemas personales, sociales y familiares a la vez que una gran desigualdad de oportunidades. *Al colegio o al instituto debería irse a aprender y no a "informarse de lo que hay que estudiar en casa".* - Aun así, estas tareas son en muchos casos irrenunciables. Son esenciales cuando se trabaja con metodologías como la clase invertida y se deben programar y enseñar pues son parte esencial del "enseñar a aprender" que complementa al "aprender a aprender" que es una de las competencias sistémicas más inclusivas y relevantes en la vida de los estudiantes. - En todo caso, sobre todo en Secundaria y Bachillerato, el profesorado debería llegar a acuerdos para no sobrecargar los tiempos "fuera del aula" tendiendo al aprendizaje profundo y no a un continuo de tareas cuyo fin último sea ser entregadas. - Consideramos que las actividades (ejercicios, actividades o tareas) que propongamos como pruebas de evaluación tanto inicial, como formativa o sumativa, tienen un enfoque educativo (aunque nos permitan calificar) y por eso forman parte de la secuencia didáctica. A menudo, tanto la realización como el análisis posterior, especialmente de los errores o el feedback del profesor o de los compañeros es una ocasión privilegiada para el aprendizaje. Esto justifica su inclusión en la secuencia, aunque su finalidad se amplíe a la evaluación. - Cuando la actividad sea empleada para evaluar habrá sido establecida en el paso 3 y lo señalaremos en esta tabla en la columna **Crit/Ind/(EVAL)** escribiendo (Eval) en la fila correspondiente, con otra información que señalaremos en el lugar correspondiente. - **La SdA tiene también su "narrativa propia" ya que no deja de ser una experiencia de aprendizaje. Dicha narrativa va a mandar sobre las propuestas didácticas. Si no lo hacemos así, la SdA será "un tema del que hablamos"** pero *no una experiencia que hace necesaria y da sentido a cada actividad que realizamos.* Debemos tender a la *simplicidad en el diseño de las tareas eligiendo las más oportunas para que haya tiempo y sean significativas.* Aun así, la estructura general de la secuencia didáctica clásica nos puede servir de inspiración (aunque de manera natural una SdA nos brinda muchos de estos pasos de forma natural). Lo reproducimos aquí para que sirva de apoyo.

	Fase		Descripción de actividades y tareas
Metodología/ secuencia de acciones formativas	Inicio	Motivar y movilizar	Actividades para orientar al alumnado al nuevo aprendizaje. Actividades y tareas a modo de **introducción** y **motivación** al tema o contenidos a trabajar en la SdA, actividades para la **contextualización** y que doten de significado a la SdA. Presentación de la situación de aprendizaje, los objetivos y el producto a realizar.
		Activar	Actividades de detección de ideas previas o activación de **conocimientos previos** sobre los contenidos relacionados con la SdA. Análisis de situaciones, acciones o personas de su entorno más cercano a través de la observación y reflexión a partir de imágenes, videos, textos, etc. ¿Incorporamos alguna rutina de pensamiento u organizador gráfico de ideas?
	Desarrollo	Explorar	Tareas o actividades que componen esta sección: actividades de **investigación, valoración** de fuentes, localización de la **información**, elaboración de trabajos que sirvan para aprender - Reflexión y análisis por medio de preguntas, rutina de pensamiento u organizador gráfico de ideas, etc.
		Estructurar	Descripción de las tareas o actividades que componen esta sección: actividades de análisis, **estructuración**. - Reflexión y conclusiones de forma cooperativa. ¿Qué **pasos** se deben llevar a cabo para elaborar el **producto** final teniendo en cuenta la información obtenida? Elaboración del producto o solución del reto siguiendo los pasos: - Trabajo individual previo al producto. - Puesta en común mediante grupos de trabajo. - Elaboración del producto o solución del reto de forma cooperativa.
	Cierre	Aplicar y comprobar	Descripción de las tareas o actividades que componen esta sección: **presentación** del **producto** final y su posible **aplicación**. - Presentación o exposición del resultado. - Valoración individual (autoevaluación) y cooperativa (coevaluación) ¿Evaluamos el proceso? ¿Cómo? ¿Evaluamos el resultado? ¿Cómo?
		Concluir	Descripción de las tareas o actividades de **reflexión** o cierre a modo de **resumen, síntesis, extrapolación** a otros contextos y **consolidación** de aprendizajes. ¿Qué actividades o tareas planteas a modo de conclusión? ¿Audiovisual, TIC, gamificación, rutina de pensamiento, organizador gráfico de ideas...? - Preguntas de repaso. - Mapa conceptual. ¿Qué actividades o tareas planteamos para **metacognición**? ¿Y si...? Proyección en otras aulas, centro escolar, barrio, localidad, prensa, internet...
Agrupamiento			Para cada actividad determinaremos el tipo de **agrupamiento**: Individual (IND) Parejas (PAR) Pequeño grupo (PG) Gran grupo (GG)

Espacio	Para cada actividad estableceremos el **espacio** en el que se ha de realizar la actividad. En nuestra arquitectura escolar el aula es el más frecuente, pero podemos emplear **el centro y sus diferentes espacios** haciéndolos más polivalentes (pasillos, comedor, patios, salón de actos, ...) que muchas veces reducimos a un uso único y ocasional. Especial mención tienen los espacios extraescolares como son la **"casa"**, donde se realizan las actividades que denominamos "deberes". También es importante pensar en que el contexto (**la ciudad, el barrio, el pueblo, ...**) ofrece multitud de oportunidades para el aprendizaje que a menudo no activamos.
Recursos	En esta columna señalaremos los **recursos materiales** que necesitamos sean estos analógicos o digitales y también podemos señalar **los recursos personales.** Omitiremos "profesor" porque lo damos por hecho, pero sí pueden ser otros docentes (codocencia), expertos externos, padres o tutores, voluntarios en comunidades de aprendizaje, alumnado de prácticas que puede tener un papel relevante en las actividades, ...
Crit/Ind (EVAL)	- En esta columna estableceremos **sobre qué criterio o indicador estamos incidiendo.** - Si la actividad sirve de evaluación pondremos además "(Eval.)" para indicar que se trata de una actividad de evaluación referida al criterio/os o al indicador/es correspondiente/s. - También podemos señalar el agente: si la evaluación la realiza el alumno, autoevaluación (**Aut**), Si es por pares, coevaluación (**Coev**) o si la realiza el profesor u otro agente formador (por ejemplo, un experto que haya formado parte de la SdA) que será heteroevaluación (**Hetev**). En ocasiones podemos emplear más de una de forma simultánea para poder contrastarlas y sacar conclusiones.
DUA	Señalaremos, según el cuadro del paso 1 (criterios y pautas DUA) qué tipo de adaptación proponemos en las actividades que así lo requieran teniendo en cuanta la contextualización que hemos realizado y las características del alumnado al que va dirigida la SdA.

Paso 6: Secuenciación didáctica			Sesión nº:				
	Saberes/ Aprendizajes	Metodología/ Acciones formativas	Agrup.	Espacio	Recursos	Crit/Ind (EVAL)	DUA

Paso 7 Evaluación de la práctica docente y propuestas de mejora

Indicadores	Valoración cualitativa	Propuestas de mejora
La SdA y su relación con el currículo		
La SdA y su capacidad para generar experiencias valiosas, motivadoras y funcionales		
El análisis del contexto (personas tiempo, recursos disponibles) y adaptaciones DUA realizadas.		
El sistema de evaluación (inicial, formativa y sumativa) y de calificación		
Gestión del tiempo		
Metodologías/actividades propuestas		
Coordinación entre docentes		
Clima de aula generado		
Otros		

Plantilla para el diseño de situaciones de aprendizaje

Tabla 1: Título de la SdA
Presentación de la SdA

Tabla 2 Marco curricular y contexto de aplicación

Identificación curricular y ubicación temporal				
Etapa/nivel/curso		Competencia/s específica/s y criterio/s de evaluación.		Trimestre/evaluación
Área o materia		Competencia/s específica/s y criterio/s de evaluación de otras áreas/materias.		Periodo aproximado de implementación (semanas)
Otras áreas/materias vinculadas		Saberes básicos y complementarios		Nº de sesiones
Contexto de aplicación				

Tabla 3 ¿Qué se va a aprender en el SdA y qué importancia tiene cada aprendizaje?

Competencia/s Específica/s	Criterio/s de evaluación del currículo	Criterio/s de evaluación de la situación de aprendizaje	Indicadores y evidencias	La calificación

Tabla 4 El sistema de evaluación. ¿Cómo se evaluarán y calificarán los aprendizajes?

Evaluación inicial				Evaluación continua-formativa				
Aprendizajes a evaluar	Criterio de referencia	Prueba	Inst. de calificación	Aprendizajes a evaluar	Criterio y/o indicador de referencia	Prueba	Instrumento de calificación	Valor de la evaluación continua con respecto al criterio de referencia

Evaluación final /sumativa

Saberes/aprendizajes	Criterio/s que evalúa	Prueba/producto final	Instrumento de calificación	Valor en la situación de aprendizaje

Tabla 5. La relación entre la SdA y el perfil de salida (PS) de la etapa

Indicadores evaluados	Competencia clave (PS)	Descriptor (PS)

Tabla 6. Saberes básicos y saberes complementarios		
Saberes básicos de la SdA	Materia	Bloque
Saberes complementarios de la SdA		

Tabla 7. Secuencia didáctica de cada una de las sesiones de trabajo							Sesión nº:
Saberes/ Aprendizajes	Metodología/ Acciones formativas	Agrup.	Espacio	Recursos (Personales y/o materiales)	Crit/ Ind (Eval)	Ref. DUA

Tabla 8. Evaluación de la práctica docente y propuestas de mejora		
Indicadores	Valoración cualitativa	Propuestas de mejora
La SdA y su relación con el currículo		
La SdA y su capacidad para generar experiencias valiosas, motivadoras y funcionales		
El análisis del contexto (personas tiempo, recursos disponibles) y adaptaciones DUA realizadas.		
El sistema de evaluación (inicial, formativa y sumativa) y de calificación		
Gestión del tiempo		
Metodologías/actividades propuestas		
Coordinación entre docentes		
Clima de aula generado		
Otros		

Por si puede ser útil tener de forma sinóptica todos los elementos de la SdA ofrecemos esta plantilla síntesis:

Plantilla síntesis

SdA Nº	Título:	Área/materia:	Curso:	Situación temporal:

Los aprendizajes

Competencias específicas	Criterio/s de evaluación SdA	Indicadores	Valor en %	Competencias PS	
				Comp.	Desc.

La evaluación

Instrumentos o pruebas de evaluación	Instrumentos de calificación

La secuencia didáctica

	Saberes/aprendizajes	Metodología/Acciones formativas	Agrup.	Espacio	Recursos	Crit/Ind (EVAL)	DUA
(reloj)							

Ev. actividad docente y propuestas de mejora

5. Situación de aprendizaje música en educación secundaria obligatoria

Tabla 1
DEL PERIODO CLÁSICO A LAS VANGUARDIAS RESOLVIENDO UN *ESCAPE ROOM* INCLUSIVO: UNA APROXIMACIÓN A LA HISTORIA DE LA MÚSICA A TRAVÉS DEL USO DE LAS TIC Y LA GAMIFICACIÓN.

Presentación de la Situación de Aprendizaje
Esta situación de aprendizaje, entendida como un conjunto de experiencias y actividades secuenciadas, corresponde al área de Música. Se inserta dentro de un proyecto interdisciplinar basado en el enfoque teórico-práctico de la enseñanza de la Música, que tiene la colaboración de las áreas de Lengua castellana y literatura; Educación plástica, visual y audiovisual; Educación Física y Geografía e Historia. Sin embargo, en este libro se presenta como SdA una serie de actividades y situaciones que implican el despliegue, por parte del alumnado de 3º de Educación Secundaria Obligatoria (ESO), de actuaciones asociadas a algunos criterios de evaluación del área de Música con la intención de que el/los grupo/s adquiera/n y desarrolle/n competencias (clave y específicas) vinculadas.
A través de un recorrido teórico-práctico por la Historia de la Música, nuestro alumnado vivirá una experiencia colectiva participando en retos motivadores que beneficien la inclusión del grupo-clase a través del uso de la TIC y la gamificación, sin desvincularse de la práctica musical en vivo. Los discentes aprenderán las principales características musicales que fueron evolucionando desde el período clásico griego hasta las vanguardias, ofreciendo la posibilidad de despertar su pensamiento crítico, convirtiéndoles en creadores partícipes de un trabajo audiovisual e interdisciplinar. El centro de interés de esta propuesta parte de la inmediatez tecnológica que contextualiza la vida de nuestro alumnado. Este será el punto de partida motivacional que posibilite poder llevarlos a apreciar con detenimiento la belleza del mundo sonoro a través de un aprendizaje metacognitivo. El producto final que se propone es experimentar un *espcape room* inclusivo en el aula de Música.

Tabla 2

Marco curricular y contexto de aplicación

Identificación curricular y ubicación temporal				
Etapa/nivel/curso	3º ESO	Competencia/s especifica/s y criterio/s de evaluación.	CE1 y Criterios 1.1,1.2. CE3. y Criterios 3.2.3.4.	Trimestre/evaluación	1er. Trimestre
Área o materia	Música	Competencia/s especifica/s y criterio/s de evaluación de otras áreas/materias.	Educación Física C1 Lengua Castellana y Literatura C2 Educación Plástica Visual y Audiovisual C3 Geografía e Historia C4	Período aproximado de implementación (semanas)	Semana 6 a 11

Nº de sesiones: 8 sesiones

Contexto de aplicación

El centro educativo en el que se va a implementar la Situación de Aprendizaje se encuentra en La Comunidad Valenciana. Es un Colegio que acoge la participación de muchos de sus alumnos en el grupo de jóvenes católicos *juniors*, hecho que los motiva especialmente a participar en las dinámicas de grupos y otras actividades colectivas. Dispone de tres líneas en Educación Secundaria Obligatoria, que trabajan según ámbitos socio-lingüístico y científico-técnico. En sus aulas es muy habitual el uso de metodologías por Proyectos y Aprendizaje y Servicios (APS).

El alumnado es heterogéneo, encontrando estudiantes con dificultades de inserción escolar y también con necesidad específica de apoyo educativo (NEAE). El curso para el que fue diseñada la práctica se caracteriza precisamente por la mencionada heterogeneidad de sus perfiles competenciales. Participaron 23 discentes en 3ºA, 31 en 3º B y 32 en 3ºC; entre las Necesidades Específicas de Apoyo Educativo (NEAE) destacables, en 3º A mencionamos un alumno diagnosticado con trastorno del espectro autista (TEA), un alumno altas capacidades (AACC), una alumna con trastorno por déficit de atención e hiperactividad (TDAH) y un alumno con certificado de discapacidad del 39% que también fue diagnosticado recientemente con TEA. En el grupo 3ºB encontramos varios casos de alumnos que pertenecen a programas de diversificación curricular (PDC) y dos casos de alumnado TDAH, una con dificultades en la atención y otro que, además, precisa medicación. En 3ºC también existen casos de alumnos vinculados a programas de diversificación curricular (PDC), un alumno altas capacidades (AACC) y otro diagnosticado recientemente con trastorno por déficit de atención e hiperactividad (TDAH). Para todos se tuvieron en cuenta las recomendaciones del Diseño Universal de Aprendizaje (DUA).

Tabla 3

¿Qué se va a aprender en la SdA y qué importancia tiene cada aprendizaje?

Competencia/s Específica/s	Criterio/s de evaluación del currículo	Criterio/s de evaluación de la situación de aprendizaje	Indicadores y evidencias	La calificación
CE1 Analizar propuestas musicales, corporales y multidisciplinares de diferentes épocas y estilos por medio de la percepción activa, relacionando los elementos estructurales y técnicos, con sentido crítico y valorando la diversidad cultural que representan.	CE 1.1. Analizar las características de propuestas musicales y multidisciplinares de géneros, épocas y estilos diferentes a partir de los elementos estructurales y técnicos relacionándolas entre sí y valorando su diversidad. CE 1.2. Argumentar juicios críticos sobre propuestas musicales, corporales y multidisciplinares, de forma oral o escrita, con actitud abierta y terminología adecuada.	Analizar las características de propuestas musicales y multidisciplinares de géneros, épocas y estilos diferentes a partir de los elementos estructurales y técnicos, relacionándolas entre sí y valorando su diversidad argumentando críticamente y empleando la terminología específica adecuada.	Analiza las características de propuestas musicales multidisciplinares argumentando: 1. el género 2. la época, 3. el estilo 4. los elementos técnicos y estructurales 5. valorando su diversidad.	40%
CE3 Construir propuestas musicales basadas en la interpretación, la improvisación y la experimentación a partir de las posibilidades expresivas y comunicativas del sonido, cuerpo y medios digitales mediante procesos individuales y colectivos.	CE 3.3. Experimentar con las posibilidades expresivas y comunicativas del sonido, cuerpo y medios digitales en la creación de propuestas, mostrando confianza en las propias capacidades y valorando las de los demás. CE 3.4. Expresar ideas, sentimientos y emociones sobre las propuestas realizadas para potenciar la comunicación, la empatía y el respeto hacia los demás.	Experimentar con las posibilidades expresivas y comunicativas del sonido, cuerpo y medios digitales en la creación de propuestas con capacidad de expresar ideas, sentimientos y emociones que potencien la empatía y el respeto hacia los demás.	Experimenta las posibilidades expresivas y comunicativas del sonido, cuerpo y medios digitales creando propuestas inclusivas a través de las cuales comunicar ideas, sentimientos y emociones mediante la praxis: 1. rítmica 2. corporal 3. melódica 4. armónica.	60%

Tabla 4

El sistema de evaluación. ¿Cómo se evaluarán y calificarán los aprendizajes?

La SdA parte de una evaluación inicial empleada para recoger información acerca de cuáles son los aprendizajes previos relacionados con los conceptos teórico-prácticos implicados con los que parte el estudiante, que se evidencian a partir de los resultados del cuestionario *on line*. A través de esta evaluación inicial, podemos delimitar con claridad cuáles son los procesos y saberes que requieren más dedicación, así como decidir el diseño de las actividades y sus multinivelaciones que serán propuestas a lo largo de la SdA. Del mismo modo, al estudiante le servirá para comprobar dónde se sitúa el punto de partida del aprendizaje. Por otro lado, aplicamos la evaluación formativa o continua con el fin de hacer un seguimiento del proceso de aprendizaje para que el discente pueda enfrentar de manera más satisfactoria la consecución del reto. Si bien la evaluación formativa tiene como objetivo propiciar retroalimentación que permita el avance del estudiante, también en este caso será objeto de calificación. Los instrumentos de calificación que se van a emplear para comprobar si se han alcanzado los diferentes aprendizajes son la rúbrica y la lista de chequeo, que irán asociadas al portfolio del alumno y el material audiovisual resultante de las grabaciones de aula. Con la rúbrica calificamos las exposiciones artísticas, pruebas dentro de la evaluación continua o formativa, y las reflexiones individuales asociadas al visionado de la grabación final como prueba correspondiente a la evaluación final o sumativa. Con la lista de chequeo calificamos las intervenciones en los debates y la participación teórico-práctica en el aula, vinculadas también con la evaluación continua o formativa.

En la presente SdA se incluye, además, como evaluación final o sumativa la resolución de un *escape room* inclusivo, que constituye el producto final en el que se pueden evidenciar los aprendizajes que han sido alcanzados por el estudiante y que aparecen en los criterios de evaluación de la SdA. Cada una de las diferentes acciones y fases que conforman la experiencia y las actividades relacionadas que constituyen la SdA, han contribuido a la obtención de los saberes necesarios para llegar a la *performance* final. Esta materialización del aprendizaje constituye una prueba de evaluación válida debido a que con ella se pueden verificar los siguientes aprendizajes, recogidos en los criterios de evaluación, que se presentan combinados obedeciendo al aspecto competencial de la SdA:

- Analizar las características musicales a partir de elementos estructurales y técnicos argumentando con terminología específica.

- Experimentar con las posibilidades expresivas del sonido, cuerpo y medios digitales comunicando ideas y sentimientos que potencien la empatía y el respeto.

En la evaluación de todo el proceso se van a aplicar técnicas de heteroevaluación (por parte del docente) y de autoevaluación y coevaluación (por parte del estudiante) con el objetivo de ofrecer información al discente, de manera que este pueda afrontar la fase de creación final de forma eficaz. Con la inclusión del instrumento de autoevaluación y coevaluación contribuimos al desarrollo de las habilidades de autorregulación, cognición y metacognición del proceso de aprendizaje. La diversificación de elementos para la evaluación configura una SdA alineada con los principios del DUA.

Evaluación inicial / Evaluación continua-formativa

Aprendizajes a evaluar	Criterio de referencia	Prueba	Inst. de calificación	Aprendizajes a evaluar	Criterio y/o indicador de referencia	Prueba	Instrumento de calificación	Valor de la evaluación continua con respecto al criterio de referencia
S.B.1.1. (G6) S.B.1.2. (G1)	1.1. y 1.2.	Debate en aula Cuestionario *on line*	Lista de chequeo y Rúbrica	S.B.1.1. (G1, G3 y G6) S.B.1.2. (G1, G5 G6 y G7)	Analiza las características de propuestas musicales multidisciplinares teniendo en cuenta: el género, la época, el estilo, los elementos técnicos y estructurales valorando su diversidad.	Rutinas de pensamiento Mapas conceptuales de las Técnicas de Ap. Coop. Reflexiones individuales y colectivas	Listas de chequeo Portfolio digital	30
S.B.2.1. (G4) S.B.2.2. (G5)	3.3 Y 3.4	Creación y práctica corporo-espacial en grupo	Grabación audiovisual y rúbrica	S.B.2.1. (G4 y G6) S.B.2.2. (G4 y G5)	Experimenta las posibilidades expresivas y comunicativas del sonido, cuerpo y medios digitales creando propuestas inclusivas rítmico-corporales, melódicas y armónicas.	Creación y Exposiciones artísticas Productos audiovisuales	Grabación audiovisual y Rúbrica	30

Evaluación final /sumativa

Saberes/aprendizajes	Criterio/s que evalúa	Prueba/producto final	Instrumento de calificación	Valor en la situación de aprendizaje
S.B.1.1. (G6) y S.B.2.1. (G4)	1.1. y 3.3.	*ESCAPE ROOM*	Rúbrica	20%
S.B.1.1. (G6) y S.B.2.2. (G5)	1.1. y 3.4	*PERFORMANCE FINAL*	Rúbrica	20%

Tabla 5

La relación entre la SdA y el perfil de salida (PS) de la etapa

El estudiante, al término de esta situación de aprendizaje, ha sido capaz de resolver un reto utilizando estrategias como la planificación, la toma de decisiones, el desarrollo de la escucha atenta, el uso de los elementos sonoros a su alcance en las producciones artísticas, así como la revisión y la edición de las propuestas culturales colectivas. En primer lugar, en la fase que se conoce como de acceso al conocimiento, el alumno debate sobre la diversidad cultural que caracteriza el grupo-clase para, a posteriori, poder elaborar esquemas que muestren la relación con las creaciones que se experimentan en el aula. A través de estas se expresan ideas, opiniones, sentimientos y emociones, hecho que les permite desarrollar su emprendimiento y creatividad. Esta práctica comunicativa individual, que nace de lo personal y vital, derivada del autoconocimiento y la autoeficacia, se convierte en colectiva, grupal. Para ello, el estudiante acepta tareas y responsabilidades, demuestra respeto por las normas de convivencia en la interacción social con los demás y conduce su proceso de aprendizaje mediante una constante autoevaluación y coevaluación, a través de la autorregulación y la metacognición, sustentados por los ítems requeridos para realizar propuestas de mejora en el portfolio. Con todo, se garantiza la valoración completa del proceso.

Indicadores evaluados	Competencia clave (PS)	Descriptor (PS)
Analiza las características de propuestas musicales multidisciplinares teniendo en cuenta: el género, la época, el estilo, los elementos técnicos y estructurales valorando su diversidad. -Reconoce y respeta la diversidad estilística sonora en los diversos períodos de la Historia de la Música (1.1.) -Elabora juicios críticos sobre obras artísticas en formato oral o escrito con uso técnico del lenguaje musical (1.2.) CE1.	Competencia en conciencia y expresiones culturales CCEC	Analizar los aspectos esenciales de propuestas de épocas y estilos diferentes mediante la percepción activa, reconociendo y argumentando sobre los lenguajes y los elementos técnicos, con la expresión de ideas y opiniones propias.
Experimenta las posibilidades expresivas y comunicativas del sonido, cuerpo y medios digitales creando propuestas inclusivas rítmico-corporales, melódicas y armónicas. -Muestra precisión rítmica, digitación correcta, coherencia melódica e intuición armónica en manifestaciones artísticas del aula o generadas a través de soportes digitales (3.3.) -Expresa propuestas artísticas inclusivas (3.4.) CE3.	Competencia personal, social y de aprender a aprender CPSAA y Competencia emprendedora CE	Expresar y argumentar opiniones, participando activamente en el trabajo en grupo, distribuyendo y aceptando las tareas y las responsabilidades para la construcción de propuestas cooperativas, y planificando objetivos de trabajo individual y grupal. Desarrollar el proceso creativo de generar ideas, establecer objetivos y emprender tareas y toma de decisiones.

Tabla 6

Saberes básicos y saberes complementarios

Saberes básicos de la SdA	Materia	Bloque
S.B.1.1. Contextos musicales y culturales. (CE1) G1. Obras e intérpretes G3. Géneros musicales y escénicos G6. Terminología y normas de comportamiento	Música	1.Percepción y análisis
S.B.1.2. Elementos del sonido y estructura musical. (CE1) G1. El proceso de escucha G5. Melodía y armonía G6. Estructura y forma G7. Recursos digitales y de las TIC relacionadas con la percepción	Música	1. Percepción y análisis
S.B.2.1. Expresión individual y colectiva. (CE3) G4. Creación e improvisación G6. Habilidades motrices	Música	2.Interpretación y creación
S.B.2.2. Proyectos artísticos. (CE3) G4. Tecnología para la producción musical G5. Actitud	Música	2.Interpretación y creación
Saberes complementarios de la SdA		
C1. La expresión corporal, la danza y el proceso de interpretación y de creación de coreografías.	Educación Física (EF)	
C2. El trabajo textual del repertorio vocal, así como guiones, o poemas, que se pueden utilizar en varios proyectos musicales y artísticos con el fin de fortalecer la oratoria, la dicción o el fomento de la lectura. Así mismo, las lenguas serán el medio de expresión oral y escrito que permitirán una correcta expresión y utilización de una terminología adecuada en el ámbito musical.	Lengua Castellana y Literatura (LCYL)	
C3. El uso de los diferentes recursos audiovisuales para la realización de sonorizaciones, ambientaciones sonoras y en las diferentes propuestas artísticas, además de la utilización de lenguajes gráficos no convencionales, como por ejemplo los musicogramas o partituras gráficas en la interpretación musical. También hay que destacar las relaciones que hay entre los periodos históricos y los diferentes estilos artísticos.	Educación Plástica Visual y Audiovisual (EPVYA)	
C4. Se relaciona directamente con los saberes del sub-bloque de contextos musicales y culturales, que hacen referencia en el estudio de los diferentes periodos históricos.	Geografía e Historia (GEH)	

Tabla 7

Secuencia didáctica de cada una de las sesiones de trabajo

PITÁGORAS Y LOS BOOMWHACKERS

Sesión nº: 1

	Saberes/ Aprendizajes	Metodología/Acciones formativas MOTIVAR	Agrup	Espacio	Recursos (Personales y/o materiales)	Crit/ Ind (Eval)	Ref DUA
15 MIN	S.B.1.1. G1 y G3.	Rutina de pensamiento KWL sobre una escena de la película "Ágora de A. Amenábar y posterior debate	Individual	Aula de Música	Ficha KWL y soporte audiovisual en PDI Anexo 1.1.	CE 1.1.	PrincipioII. Pauta 2.2.
15 MIN	S.B.2.1. G4. y G6.	Experimentación del concepto pitagórico de armónicos y sonidos enteros a través de los *boomwhackers*	4	Aula de Música	*Boomwhackers*	CE 3-3.	PrincipioII. Pauta 2.2.
15 MIN	S.B.2.2. G5.	Acompañamiento rítmico-melódico del epitafio de seikilos por grupos armónicos con *boomwhackers*	4+4	Aula de Música	Soporte audiovisual y *boomwhackers*	CE 3-3.	PrincipioII. Pauta 2.2.
10 MIN	S.B.2.2. G5.	Revisión del aprendizaje y vuelta a la calma a través del trabajo corporal guiado	Gran grupo	Aula de Música	Espacio diáfano	CE 3-4.	PrincipioIII Pauta 3-3.

Sesión nº: 2

TRAP Y CANTO GREGORIANO

	Saberes/ Aprendizajes	Metodología/Acciones formativas MOVILIZAR	Agrup	Espacio	Recursos (Personales y/o materiales)	Crit/ Ind (Eval)	Ref DUA
10 MIN	S.B.1.2. G1 y G7.	Presentación teórico-práctica de la plataforma audiovisual interactiva *soundtrap y bandlab*	Individual	Aula de Música	Soporte audiovisual en PDI	CE 1.1.	PrincipioI Pauta 1-3.
15 MIN	S.B.1.1. G1 y G3.	Rutina de pensamiento compara y contrasta: Canto gregoriano y Rap	Individual	Aula de Música Aula de Música	Ficha Compara y Contrasta Anexo 2.1.	CE 1.1.	PrincipioII Pauta 2.2.

	Saberes/Aprendizajes	Metodología/Acciones formativas	Agrup	Espacio	Recursos (Personales y/o materiales)	Crit/Ind (Eval)	Ref DUA
20 MIN	S.B.2.2. G4 y G5.	Creación de un patrón armónico TRAP como acompañamiento a (bandlab) a una base monódica sacra	4	Aula de Música	Soporte audiovisual Lista de chequeo Anexo 2.2.	CE 3-4.	PrincipioI Pauta 1.2.
10 MIN	S.B.1.1. G6.	Reflexión-debate sobre la estética sonora: Revisión del aprendizaje a través del folio giratorio	4+4	Aula de Música	Ficha Folio giratorio Anexo 2-3.	CE 1.2.	PrincipioII Pauta 2.2.
Sesión nº: 3							
🕐	Saberes/Aprendizajes	Metodología/Acciones formativas ACTIVAR	Agrup	Espacio	Recursos (Personales y/o materiales)	Crit/Ind (Eval)	Ref DUA
EL RENACER DE LOS JUGLARES							
15 MIN	S.B.1.1. Gi. y G3.	Alfonso X El Sabio y las Cantigas de Santa María. Análisis textual de la Cantiga número 100	4	Aula de Música	Soporte audiovisual PDI	CE 1.1.	PrincipioII Pauta 2.2.
10 MIN	S.B.1.1 G6	Trovadores, troveros y juglares, ¿profesión u oficio? Técnica de Ap. Cooperativo lápices al centro	4+4	Aula de Música	Ficha Técnica Ap. Cooperativo Anexo 3.1.	CE 1.2.	PrincipioII Pauta 2.2.
20 MIN	S.B.2.2. G4 y G5.	Creación/adaptación, ejecución y grabación de un texto para la melodía de la Cantiga número 100	4	Aula de Música	Soporte audiovisual Lista de chequeo Anexo 3.2.	CE 3-4.	PrincipioIII Pauta 3.1.
10 MIN	S.B.1.2. Gi.	Revisión del aprendizaje a través del análisis auditivo	Gran grupo	Aula de Música	Portfolio digital	CE 1.2.	PrincipioI Pauta 1-3.
Sesión nº: 4							
🕐	Saberes/Aprendizajes	Metodología/Acciones formativas EXPLORAR	Agrup	Espacio	Recursos (Personales y/o materiales)	Crit/Ind (Eval)	Ref DUA
INVITACIÓN A VERSALLES							

MIN	Saberes / Aprendizajes	Metodología/Acciones formativas	Agrup	Espacio	Recursos (Personales y/o materiales)	Crit/ Ind (Eval)	Ref DUA
15 MIN	S.B.1.1. G1. y G3.	Rutina de pensamiento KWL sobre una sección de la película "la pasión del rey" (Obertura del ballet de la nuit, J.B.Llully)	Individual	Aula de Música	Ficha KWL y soporte audiovisual en PDI	CE 1.1.	PrincipioII Pauta 2.2.
10 MIN	S.B.1.1 G6.	El valor de la música en el Barroco: Técnica de aprendizaje cooperativo lápices al centro	4+4	Aula de Música	Ficha Técnica Ap. Cooperativo	CE 1.2.	PrincipioII Pauta 2.2.
20 MIN	S.B.1.2. G5, G6 y G7.	Técnica de aprendizaje cooperativo grupos de expertos: La Forma en el Barroco. El madrigal, la ópera, composiciones orquestales. La fuga y el contrapunto.	5	Aula de Música	Ficha Técnica Ap. Cooperativo Anexo 4.1.	CE 1.2.	PrincipioII Pauta 2.2.
10 MIN	S.B.2.1. G4 y G6.	Dramatización guiada/vuelta a la calma con materiales ordinarios (pañuelos) sobre una sección de la fuga de Bach para Cello Suite n. 1 BWV 1007.	Gran grupo	Aula de Música	Espacio diáfano, pañuelos de colores y light fingers Lista de chequeo Anexo 4.2.	CE 3.3.	PrincipioIII Pauta 3.3.

Sesión nº: 5

PODER EVOCADOR

(reloj)	Saberes / Aprendizajes	Metodología/Acciones formativas ESTRUCTURAR	Agrup	Espacio	Recursos (Personales y/o materiales)	Crit/ Ind (Eval)	Ref DUA
15 MIN	S.B.1.1 G6.	¿Qué poder tiene la música? Técnica de aprendizaje cooperativo el folio giratorio	4+4	Aula de Música	Ficha Técnica Ap. Cooperativo	CE 1.2.	PrincipioII Pauta 2.2.
5 MIN	S.B.2.1. G4.	Polirritmias segmentadas para acompañar "La Marcha Turca" de W. A. Mozart	4	Aula de Música	Espacio diáfano y soporte audiovisual en PDI Lista de chequeo Anexo 5.1.	CE 3.3.	PrincipioII Pauta 2.2.
15 MIN	S.B.2.2. G5.	Exploración y adaptación de la percusión corporal en corro para el acompañamiento de "La Marcha Turca"	Gran grupo	Aula de Música	Espacio diáfano	CE 3.3.	PrincipioII Pauta 2.2.

	Saberes/Aprendizajes	Metodología/Acciones formativas	Agrup.	Espacio	Recursos (Personales y/o materiales)	Crit/Ind (Eval)	Ref DUA
10 MIN	S.B.1.2 G7.	Compositores clásicos y románticos. El poder de la emoción. Principales rasgos y características en *Padlet*	4	Aula de Música	Soporte audiovisual en PDI	CE 1.1.	PrincipioIII Pauta 3.1.
10 MIN	S.B.1.1. G6.	Revisión del aprendizaje a través de los matices	Gran grupo	Aula de Música	Portfolio digital	CE 1.2.	PrincipioIII Pauta 3.2.

Sesión n°: 6

REVOLUCIÓN SONORA

	Saberes/Aprendizajes	Metodología/Acciones formativas APLICAR	Agrup.	Espacio	Recursos (Personales y/o materiales)	Crit/Ind (Eval)	Ref DUA
15 MIN	S.B.1.1. G1. y G3.	Rutina de pensamiento compara y contrasta: "Aleluya" de L. Cohen y "Pequeño Vals Vienés" de S. Pérez Cruz y Reflexión-debate sobre el concepto de versión e innovación (*sample* vs *cover*)	Individual	Aula de Música	Ficha Compara y Contrasta y soporte audiovisual en PDI	CE 1.1.	PrincipioII Pauta 2.2.
15 MIN	S.B.1.2 G1.	La invisibilización de la mujer en la Historia. Lejárraga y Manuel de Falla en "La danza del Fuego", del "Amor Brujo" Técnica de aprendizaje cooperativo lápices al centro	Gran grupo	Aula de Música	Ficha Técnica Ap. Cooperativo	CE 1.2.	PrincipioII Pauta 2.2.
15 MIN	S.B.2.1. G4 y G6	Los sonidos cotidianos como exploración vanguardista: creaciones sonoras cooperativas en eco	2+2	Aula de Música	Espacio diáfano, cotidiáfonos e instrumental Orff	CE 3.3.	PrincipioIII Pauta 3.1.
10 MIN	S.B.2.1. G7.	Revisión del aprendizaje (*kahoot*) y reflexión personal.	individual	Aula de Música	Soporte audiovisual Rúbrica Anexo 6.1.	CE 1.2.	PrincipioIII Pauta 3.2.

Sesión n°: 7

ESCAPE ROOM

	Saberes/Aprendizajes	Metodología/Acciones formativas COMPROBAR	Agrup.	Espacio	Recursos (Personales y/o materiales)	Crit/Ind (Eval)	Ref DUA
15 MIN	S.B.1.1 G6.	Explicación de las pruebas, el material y el crono.	Gran grupo	Aula de Música	Espacio diáfano y soporte audiovisual en PDI	CE 1.1.	Principio III Pauta 3.1.
40 MIN	S.B.2.1. G4.	*ESCAPE ROOM EN 4 FASES*: ordenación de un puzle (partitura cantiga 100), cifrado césar concepto barroco (Fuga), reconocimiento de obra romántica escondida en un spot publicitario actual (Armani) y creación de un relato sonoro a través de IA	4+4	Aula de Música	Espacio diáfano, soporte audiovisual en PDI y material específico de las pruebas del *escape room* Rúbrica Anexo 7.1.	C 3-3-	Principio II Pauta 2.2.

Sesión nº: 8

	Saberes/Aprendizajes	*PERFORMANCE FINAL* Metodología/Acciones formativas CONCLUIR	Agrup.	Espacio	Recursos (Personales y/o materiales)	Crit/Ind (Eval)	Ref DUA
15 MIN	S.B.1.1 G6.	Explicación de la última prueba colaborativa	Gran grupo	Aula de Música	Espacio diáfano	CE 1.1.	Principio III Pauta 3.1.
30 MIN 10 MIN	S.B.2.2. G5.	Creación y exposición del producto final: una danza comunitaria sobre la canción base "*Flowers*", de Miley Cyrus. Reflexión final del aprendizaje	Gran grupo	Aula de Música	Espacio diáfano. Diana de autoevaluación y coevaluación en portfolio Anexo 8.1.	CE 3-4.	Principio II Pauta 2.2.

Tabla 8

Evaluación de la práctica docente y propuestas de mejora

Indicadores	Valoración cualitativa	Propuestas de mejora
La SdA y su relación con el currículo.	Responde de forma globalizada	Establecer más lazos interdisciplinares
La SdA y su capacidad para generar experiencias valiosas, motivadoras y funcionales.	Desarrolla la capacidad crítico-estética para valorar la producción artística	Tener más en cuenta el consumo musical del alumnado
El análisis del contexto (personas tiempo, recursos disponibles) y adaptaciones DUA realizadas.	Proporciona múltiples formas de representación, acción y expresión y formas de implicación	Multinivelar las actividades más significativamente
El sistema de evaluación (inicial, formativa y sumativa) y de calificación.	Justifica una evaluación continua, formativa y competencial	Promover la coevaluación en el grupo
Gestión del tiempo.	Plantea sesiones estructuradas con actividades que requieren temporalizaciones diversas	Optimizar las sesiones dramáticas diseñando actividades que promuevan la búsqueda del clima de confianza
Metodologías/actividades propuestas.	Utiliza variedad metodológica general y específico-musical	Introducir el método BAPNE como actividades motivacionales previas al trabajo rítmico
Coordinación entre docentes.	Promueve significativamente la interdisciplinariedad	Propiciar más encuentros
Clima de aula generado.	Fomenta las relaciones intra e inter-personales significativamente	Promover mejores experiencias empáticas desde la práctica

Plantilla síntesis

SdA Nº 2	Título: DEL PERIODO CLÁSICO A LAS VANGUARDIAS RESOLVIENDO UN ESCAPE ROOM INCLUSIVO: UNA APROXIMCIÓN A LA HISTORIA DE LA MÚSICA A TRAVÉS DEL USO DE LAS TIC Y LA GAMIFICACIÓN.	Área/materia: MÚSICA	3º ESO	Situación temporal: 1er trimestre 14 octubre-22 noviembre
	Los aprendizajes	Competencias PS	La evaluación	

Competencias específicas	Criterio/s de evaluación SdA	Indicadores	Valor en %	Comp.	Desc.	Instrumentos o pruebas de Evaluación	Instrumentos de Calificación
CE1 Analizar propuestas musicales, corporales y multidisciplinares de diferentes épocas y estilos por medio de la percepción activa, relacionando los elementos estructurales y técnicos, con sentido crítico y valorando la diversidad cultural que representan.	Analizar las características de propuestas musicales y multidisciplinares de géneros, épocas y estilos diferentes a partir de los elementos estructurales y técnicos, relacionándolas entre sí y valorando su diversidad argumentando críticamente y empleando la terminología específica adecuada.	Analiza las características de propuestas musicales multidisciplinares argumentando: 1.el género 2.la época, 3.el estilo 4.los elementos técnicos y estructurales 5.valorando su diversidad	40%	CCEC	Analizar los aspectos esenciales de propuestas de épocas y estilos diferentes mediante la percepción activa, reconociendo y argumentando sobre los lenguajes y los elementos técnicos, con la expresión de ideas y opiniones propias.	Cuestionario inicial y debates de aula Reflexiones en Portfolio y Fichas de Rutinas y Ap Cooperativo.	Listas de chequeo Portfolio digital Rúbrica
CE3 Construir propuestas musicales basadas en la interpretación, la improvisación y la experimentación a partir de las posibilidades expresivas y comunicativas del sonido, cuerpo y medios digitales mediante procesos individuales y colectivos.	Experimentar con las posibilidades expresivas y comunicativas del sonido, cuerpo y medios digitales en la creación de propuestas con capacidad de expresar ideas, sentimientos y emociones que potencien la empatía y el respeto hacia los demás	Experimenta las posibilidades expresivas y comunicativas del sonido, cuerpo y medios digitales creando propuestas inclusivas a través de las cuales comunicar ideas, sentimientos y emociones mediante la praxis: 1.rítmica 2.corporal 3.melódica 4.armónica.	60%	CP-SAA CE	Expresar y argumentar opiniones, participando activamente en el trabajo en grupo, distribuyendo y aceptando las tareas y las responsabilidades para la construcción de propuestas cooperativas, y planificando objetivos de trabajo individual y grupal. Desarrollar el proceso creativo de generar ideas, establecer objetivos y emprender tareas y toma de decisiones.	Creaciones y exposiciones artísticas Productos artísticos audiovisuales	Rúbricas Grabación Audiovisual Guía de Observación

⏰	Saberes/ aprendizajes	Metodología/ Acciones formativas	Agrup.	Espacio	Recursos	Crit/ Ind (EVAL)	DUA
60 MIN	S.B.1.1. G1, G3, G6	Rutinas de pensamiento	individual	Aula de Música	Ficha y soporte audiovisual en PDI	CE 1.1.	PrincipioII Pauta 2.2.
80 MIN	S.B.1.2. G1, G5, G6, G7	Técnicas de Aprendizaje Cooperativo	Grupos reducidos	Aula de Música	Ficha Técnica Ap. Cooperativo	CE 1.2.	PrincipioII Pauta 2.2.
50 MIN	S.B.2.1. G1, G5, G6, G7 S.B.2.2. G4, G5	Gamificación	Grupos medios y gran grupo	Aula de Música	Espacio diáfano, soporte audiovisual en PDI y material específico de las pruebas del *escape room*	CE 3.3- CE 3.4	PrincipioII Pauta 2.2. PrincipioIII Pautas 3.1 y 3.2.
100MIN	S.B.2.1. G1, G5, G6, G7	Willems	Individual y colectivo	Aula de Música	Soporte audiovisual y estructuración de la escucha activa	CE 1.1.	PrincipioI Pautas 1.2 y 1-3 PrincipioIII Pauta 3.1
70 MIN	S.B.2.1. G4, G6	Orff	Grupos itinerantes	Aula de Música	Instrumentos del aula de Música	CE 3.3-	PrincipioIII Pauta 3.1
60 MIN	S.B.2.2. G4, G5	Dalcroze	Gran grupo	Aula de Música	Espacio diáfano	CE 3.4	PrincipioIII Pauta 3.3-
20 MIN	S.B.1.1. G1, G3, G6	Kodaly	Grupos medios y gran grupo	Aula de Música	Repertorio tradicional y células rítmicas	CE 1.2.	PrincipioII Pauta 2.2

Ev. actividad docente y propuestas de mejora	
INDICADORES	INSTRUMENTOS
· El diseño de las actividades conecta con los intereses del alumnado · Suscita la coordinación de equipos docentes · La temporalización permite alcanzar el producto final · Los principios y pautas DUA seleccionados promueven la inclusión · Plantea diversidad metodológica · Utiliza Instrumentos de evaluación diversos · Motiva la auto-reflexión de la práctica docente	· Cuestionario previo · Listas de chequeo · Listas de chequeo · Diario de sesiones · Diario de sesiones · Listas de chequeo · Coevaluación
Tras modificar algunas prácticas de aula protagonizadas por el abordaje de recursos performativos, es conveniente reseñar la necesidad de delinear actividades en próximos diseños e implementaciones con el fin exclusivo de la búsqueda de un clima de confianza previo al trabajo de los elementos musicales. Para esta propuesta de mejora se tomará como indicador "promueve las relaciones sociales inter e intrapersonales" y como instrumentos "la grabación audiovisual y la coevaluación".	

Anexo 1.1. RUTINA DE PENSAMIENTO KWL

NOMBRE: _____

TEMA: _____

K Lo que sé	W Lo que quiero saber	L Lo que he aprendido

Anexo 2.1. COMPARA – CONTRASTA: EL CANTO GREGORIANO Y EL RAP

¿En qué se parecen?

¿En qué se diferencian?

	↔	
	↔	
	↔	
	↔	

	↔	
	↔	

¿Qué semejanzas y diferencias son más significativas?

Conclusión o interpretación

Anexo 2.2. LISTA DE CHEQUEO

Ítems que valorar	Aspectos para verificación	SÍ	NO	Valoración, en su caso, y propuesta de mejora.
Se expresan ideas y/o sentimientos	A través del diálogo			
	A través del uso de la simbolización sonora			
	A través de las TIC			
Se potencia la comunicación	Organizando diversos materiales sonoros para ejemplificar el acompañamiento			
	Aceptando las propuestas y toma de decisiones			
Se respeta y empatiza durante el trabajo	Mediante la distribución de roles			
	Equilibrando el reparto de tareas			
	Con actitud proactiva			

Anexo 2.3. FOLIO GIRATORIO

ACTIVIDAD: LA ESTÉTICA SONORA

PORTAVOZ	COORDINADOR/A
SECRETARIO/A	SUPERVISOR/A

Anexo 3.1. LÁPICES AL CENTRO

TROVADORES, TROVEROS Y JUGLARES

¿Profesión u oficio?

_____

¿Qué diferenciaba su profesión?

_____

MI PREDICCIÓN SOBRE su relación con la Música

_____

Elabora un listado de palabras que resuman lo aprendido:

- _____

- _____

- _____

- _____

- _____

Anexo 3.2. LISTA DE CHEQUEO

Ítems que valorar	Aspectos para verificación	SÍ	NO	Valoración, en su caso, y propuesta de mejora.
	A través del diálogo			
Se expresan ideas y/o sentimientos	A través del uso de la simbolización sonora convencional			
	A través del análisis rítmico y la creación textual adaptada			
	A través de las TIC			
Se potencia la comunicación	Organizando diversos materiales sonoros para sostener la afinación de las voces			
	Aceptando las propuestas y toma de decisiones			
Se respeta y empatiza durante el trabajo	Mediante la distribución de roles			
	Equilibrando el reparto de tareas			
	Con actitud proactiva			

Anexo 4.1. GRUPO DE EXPERTOS

A. El madrigal

B. La ópera

C. Composiciones orquestales

D. La fuga

E. El contrapunto.

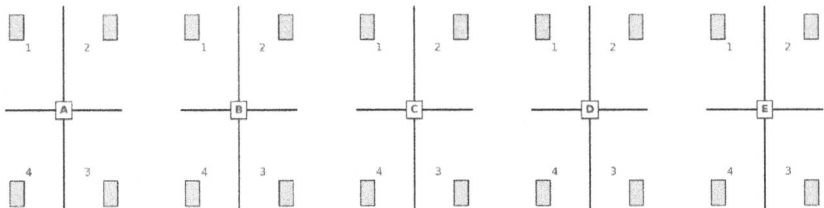

Anexo 4.2. LISTA DE CHEQUEO

Ítems que valorar	Aspectos para verificación	SÍ	NO	Valoración, en su caso, y propuesta de mejora.
Experimentan con las posibilidades del sonido a través del cuerpo mostrando sensibilidad	Rítmico-corporal			
	Melódica			
	Armónica			
Se crean propuestas artísticas colaborativas mostrando iniciativa	Individual			
	En grupos itinerantes			
	En gran grupo			
Se respeta y valora la iniciativa de las propuestas trabajo	Mediante la práctica conjunta			
	Contribuyendo con el diálogo artístico			
	Con actitud proactiva			

Anexo 5.1. LISTA DE CHEQUEO

Ítems que valorar	Aspectos para verificación	SÍ	NO	Valoración, en su caso, y propuesta de mejora.
Experimentan con las posibilidades del sonido a través del cuerpo mostrando claridad	Rítmica			
	Corporal			
	Espacial			

Se crean propuestas artísticas colaborativas mostrando iniciativa	Individual			
	En grupos itinerantes			
	En gran grupo			
Se respeta y valora la iniciativa de las propuestas trabajo	Mediante la práctica conjunta			
	Contribuyendo con el diálogo artístico			
	Con actitud proactiva			

Anexo 6.1. RÚBRICA

CE 1.2.

Argumentar juicios críticos sobre propuestas musicales, corporales y multidisciplinares, de forma oral o escrita, con actitud abierta y terminología adecuada.

Argumenta juicios críticos propios de forma oral o escrita

Muestra una actitud abierta ante la diversidad

Usa terminología específica en sus aportaciones críticas

IN (1-4)	SU (5)	BI (6)	NT (7-8)	SB (9-10)
Rara vez y con ayuda argumenta juicios críticos sobre propuestas musicales, corporales y multidisciplinares, de forma oral o escrita, con actitud abierta y terminología adecuada.	Ocasionalmente y siempre de manera guiada argumenta juicios críticos sobre propuestas musicales, corporales y multidisciplinares, de forma oral o escrita, con actitud abierta y terminología adecuada.	Usualmente argumenta juicios críticos sobre propuestas musicales, corporales y multidisciplinares, de forma oral o escrita, con actitud abierta y terminología adecuada.	Con autonomía argumenta juicios críticos sobre propuestas musicales, corporales y multidisciplinares, de forma oral o escrita, con actitud abierta y terminología adecuada.	De manera excelente argumenta juicios críticos sobre propuestas musicales, corporales y multidisciplinares, de forma oral o escrita, con actitud abierta y terminología adecuada.

Anexo 7.1. RÚBRICA

CE 3.3.

Experimentar con las posibilidades expresivas y comunicativas del sonido, cuerpo y medios digitales en la creación de propuestas, mostrando confianza en las propias capacidades y valorando las de los demás.

Experimenta las posibilidades expresivas rítmico-corporales, sonoras y digitales.

Crea propuestas propias.

Valora la diversidad.

IN (1-4)	SU (5)	BI (6)	NT (7-8)	SB (9-10)
Rara vez y con ayuda experimenta con las posibilidades expresivas y comunicativas del sonido, cuerpo y medios digitales en la creación de propuestas, mostrando confianza en las propias capacidades y valorando las de los demás.	Ocasionalmente y siempre de manera guiada experimenta con las posibilidades expresivas y comunicativas del sonido, cuerpo y medios digitales en la creación de propuestas, mostrando confianza en las propias capacidades y valorando las de los demás.	Usualmente experimenta con las posibilidades expresivas y comunicativas del sonido, cuerpo y medios digitales en la creación de propuestas, mostrando confianza en las propias capacidades y valorando las de los demás.	Con autonomía experimenta con las posibilidades expresivas y comunicativas del sonido, cuerpo y medios digitales en la creación de propuestas, mostrando confianza en las propias capacidades y valorando las de los demás..	De manera excelente experimenta con las posibilidades expresivas y comunicativas del sonido, cuerpo y medios digitales en la creación de propuestas, mostrando confianza en las propias capacidades y valorando las de los demás.

Anexo 8.1. DIANA DE AUTOEVALUACIÓN

6. Situación de aprendizaje música en bachillerato

Tabla 9
LA CREATIVIDAD MUSICAL A PARTIR DE LA POESÍA: UNA PROPUESTA INTERDISCIPLINAR
Presentación de la Situación de Aprendizaje
La situación de aprendizaje que se va a plantear se realiza de acuerdo con la enseñanza regulada para el primer curso de la etapa de Bachillerato en el Decreto 108/2022. Concretamente, la materia hacia la cual está dirigida es Lenguaje y práctica musical, regulada en el artículo 10 del Real Decreto 243/2022 por el cual se enmarca en las materias específicas de la modalidad de Artes de la vía de Música y Artes escénicas. A nivel curricular, una propuesta interdisciplinar enmarcada en un contexto previo a la especialización del alumnado de cara al mundo laboral permite cumplir con los requerimientos regulados por la ley de educación. Concretamente, trabajar la interpretación y la interiorización de la música, así como el análisis de los elementos musicales y la evolución del arte y la cultura a lo largo de la historia pone a disposición del alumnado las competencias específicas que le otorgarán un perfil de salida acorde a la ley. Por otra parte, una situación de aprendizaje de esta naturaleza es capaz de responder al DUA mediante la creatividad y la adaptación a la realidad del aula.

Tabla 10

Marco curricular y contexto de aplicación

Identificación curricular y ubicación temporal			
Etapa/nivel/curso	1º BACHILLERATO	Competencia/s específica/s y criterio/s de evaluación.	CEi: 1.1, 1.2, 1.3 CE3: 3.1, 3.2, 3.3 CE4:4.2 CE5: 5.2, 5.3
		Trimestre/evaluación	2º
Área o materia	Lenguaje y práctica musical	Competencia/s específica/s y criterio/s de evaluación de otras áreas/materias.	Lengua castellana/valenciana y literatura: CE11: 11.4
		Periodo aproximado de implementación (semanas)	2 semanas
Otras áreas/materias vinculadas	LENGUA CASTELLANA Y LITERATURA LENGUA VALENCIANA Y LITERATURA PRIMERA LENGUA EXTRANJERA: INGLÉS.	Nº de sesiones	8

Contexto de aplicación

La propuesta de intervención está dirigida al alumnado de primer curso de Bachillerato en la modalidad de Música y Artes Escénicas, una etapa en la que los estudiantes comienzan a definir su trayectoria académica y profesional dentro del ámbito artístico. Se implementa en la asignatura Lenguaje y práctica musical, cuyo enfoque permite a los participantes desarrollar tanto sus competencias musicales como su capacidad expresiva y creativa.

Esta materia está especialmente orientada a aquellos alumnos que, aunque han elegido el itinerario de Música y Artes Escénicas, no cursan simultáneamente enseñanzas profesionales de música y, por lo tanto, no tienen la opción de convalidarla. De este modo, se garantiza que todos los estudiantes del itinerario tengan la oportunidad de adquirir conocimientos fundamentales sobre lenguaje musical, interpretación y análisis sonoro, independientemente de su formación previa.

El hecho de contar con un grupo de estudiantes que comparten intereses en las artes escénicas y la música favorece un enfoque interdisciplinar, integrando aspectos de interpretación, composición, análisis de repertorio y expresión corporal. Esta diversidad de perspectivas enriquece el aprendizaje y abre la posibilidad de conectar la música con otros lenguajes artísticos como el teatro, la danza o la performance.

Además, la asignatura permite abordar la música desde una metodología activa y participativa, donde el alumnado se convierte en protagonista de su propio aprendizaje a través de la experimentación, el trabajo cooperativo y la producción creativa. La propuesta de intervención diseñada busca potenciar estos enfoques para fomentar un aprendizaje significativo, motivador y aplicado a contextos reales.

En cuanto a las Necesidades Específicas de Apoyo Educativo (NEAE), el curso para el que fue diseñada la práctica docente no precisa de una atención especializada, a pesar de que se encuentran perfiles competenciales diversos. Por ello, se tendrán en cuenta las recomendaciones del Diseño Universal de Aprendizaje (DUA).

Tabla 11

¿Qué se va a aprender en al SdA y qué importancia tiene cada aprendizaje?

Competencia/s Específica/s	Criterio/s de evaluación del currículo	Criterio/s de evaluación de la situación de aprendizaje	Indicadores y evidencias	La calificación
CE1 Analizar de forma autónoma los elementos estructurales y técnicos de la música a través de la percepción y la interpretación, valorando la riqueza y la diversidad del patrimonio musical y desarrollando el sentido crítico y la identidad personal y cultural.	CE1.1 Identificar los elementos estructurales y técnicos de diferentes géneros y estilos musicales, relacionándolos entre sí y apreciando la riqueza y diversidad del patrimonio musical. CE 1.2. Elaborar juicios críticos a partir de propuestas musicales multidisciplinares, de manera oral y escrita, describiendo sus rasgos característicos con actitud abierta y con la terminología adecuada. CE1.3- Utilizar la riqueza y la diversidad del patrimonio musical del entorno del alumnado como elemento de análisis y creación de cualquier propuesta musical.	Analizar las características de propuestas musicales y multidisciplinares de distintos géneros, épocas y estilos, identificando sus elementos estructurales y técnicos, valorando su diversidad y estableciendo conexiones con el patrimonio musical del entorno. Elaborar juicios críticos argumentados sobre diferentes manifestaciones musicales, empleando la terminología específica adecuada y evidenciando una actitud reflexiva y abierta ante la diversidad musical.	- Analiza las características de propuestas musicales y multidisciplinares, estableciendo relaciones entre sus elementos estructurales y técnicos. - Elabora juicios críticos sobre distintas manifestaciones musicales con terminología específica. - Utiliza la diversidad del patrimonio musical del entorno en la interpretación y creación de propuestas musicales.	25%
CE3 Identificar y crear diferentes patrones, fórmulas y secuencias musicales dentro de la diversidad de géneros y estilos musicales actuales, analizando sus formas básicas de expresión de sentimientos e ideas.	CE 3.1. Deconstruir patrones, fórmulas y secuencias musicales, analizando y valorando sus estructuras y partes, de acuerdo con su capacidad de manifestar sentimientos e ideas. CE 3.2. Emplear diferentes patrones, fórmulas y secuencias musicales con distintos recursos vocales, los instrumentos o los medios tecnológicos, mostrando confianza en las propias capacidades y valorando las de los demás. CE 3.3. Integrar nuevas ideas, sentimientos y emociones en situaciones de creación e improvisación de patrones, fórmulas y secuencias musicales a partir de determinados condicionantes previos.	Identificar y analizar patrones, fórmulas y secuencias musicales, reconociendo sus estructuras y valorando su expresividad. Emplear patrones, fórmulas y secuencias musicales con distintos recursos vocales, corporales, instrumentales o tecnológicos, evidenciando confianza y creatividad. Integrar elementos expresivos, emocionales y creativos en la creación e improvisación de secuencias musicales a partir de condicionantes previos.	- Identifica patrones, fórmulas y secuencias musicales, analizando sus estructuras y función expresiva. - Emplea diferentes recursos sonoros y tecnológicos para ejecutar patrones musicales con seguridad y creatividad. - Integra ideas, sentimientos y emociones en la creación e improvisación de propuestas musicales.	30%

CE4 Interpretar de forma autónoma propuestas musicales a través de la voz, los instrumentos, el cuerpo y los medios digitales y tecnológicos, utilizando la improvisación y la creatividad e integrando diversos elementos sonoros.	CE 4.2. Producir propuestas musicales, integrando elementos sonoros diversos que potencien la autonomía, la comunicación, la empatía y el respeto hacia los demás.	Interpretar y producir propuestas musicales con autonomía, creatividad y expresividad, utilizando distintos recursos sonoros y tecnológicos.	- Interpreta propuestas musicales de manera autónoma, integrando elementos sonoros y tecnológicos con creatividad. - Produce creaciones musicales que reflejan comunicación, expresividad y respeto por la diversidad sonora.	15%
CE5 Diseñar y llevar a la práctica proyectos artísticos e interdisciplinares utilizando las herramientas y recursos tecnológicos disponibles en el entorno y fomentando la participación y la experimentación reflexiva y crítica.	CE 5.2. Estructurar el proceso de desarrollo del proyecto artístico, asumiendo diferentes funciones colaborativas e integrando los conocimientos adquiridos en diferentes disciplinas. CE 5.3. Generar propuestas, soluciones y modelos alternativos mediante la reflexión crítica y los recursos tecnológicos adaptados a las necesidades del contexto sociocultural y a las dificultades existentes.	Diseñar y desarrollar proyectos artísticos interdisciplinares integrando conocimientos de distintas disciplinas y recursos tecnológicos, promoviendo la experimentación y el trabajo colaborativo.	- Diseña proyectos artísticos interdisciplinares, incorporando herramientas tecnológicas y conocimientos adquiridos. - Estructura el proceso creativo, distribuyendo roles y colaborando con otros de manera efectiva. - Genera propuestas innovadoras, adaptando soluciones a las necesidades y desafíos del contexto.	30%

Tabla 12

El sistema de evaluación. ¿Cómo se evaluarán y calificarán los aprendizajes?

La presente Situación de Aprendizaje (SdA) se basa en una evaluación final integradora, en la que cada una de las actividades realizadas contribuye al resultado global, sin distinción entre evaluación inicial, formativa o sumativa. A lo largo del desarrollo de la SdA, los estudiantes llevarán a cabo distintas tareas que serán compiladas y evaluadas durante el transcurso de las sesiones. En la fase final, tendrán que asegurarse de haber recopilado todas las evidencias generadas para potenciar un impacto significativo en el aprendizaje y se reflejen en la calificación definitiva.

Al no contemplarse evaluación inicial, no se diagnosticarán conocimientos previos, sino que se parte del proceso práctico y contextualizado de la asignatura, permitiendo a los estudiantes desarrollar sus capacidades a través de la aplicación directa de saberes. Al tratarse de una materia de Bachillerato, se consideran trabajados y asimilados los saberes básicos de la materia de Música de la etapa anterior.

Tampoco se considera una evaluación formativa o continua, ya que cada una de las tareas contribuye a la evaluación sumativa, reflejando el progreso y desempeño global del alumnado en la SdA.

Los instrumentos de evaluación utilizados (rúbricas y listas de chequeo) están diseñados para valorar de manera objetiva el desempeño del alumnado, reflejando su evolución a lo largo de la SdA y garantizando que cada estudiante pueda demostrar sus competencias en el momento culminante del aprendizaje.

Saberes/aprendizajes	Criterio/s que evalúa	Evaluación final /sumativa		
		Prueba/producto final	Instrumento de calificación	Valor en la situación de aprendizaje
S.B. 1.1. G1, G2 S.B. 1.2. G1, G2, G3	CE1 CE3	Porfolio con las fichas de rutinas de pensamiento, técnicas de aprendizaje cooperativo, actividades de composición, análisis de las canciones y *Padlet* colaborativo.	Rúbrica	15%
S.B.1.1. G1, G2	CE1	Exposición oral grupal sobre periodos de la historia de la música.	Lista de chequeo	10%
S.B. 2.1. G1, G2, G4, G5	CE3 CE4	Exposiciones artísticas: declamación de poemas, representación de *ostinatos rítmicos* creados, interpretaciones vocales, percusión corporal.	Rúbrica	25%
S.B. 1.2. G1, G2, G3 S.B. 2.2. G1, G2, G3, G4	CE3 CE5	Creación e interpretación del producto final: canción	Lista de chequeo	50%

Tabla 13

La relación entre la SdA y el perfil de salida (PS) de la etapa

Al finalizar esta Situación de Aprendizaje, el alumnado habrá desarrollado estrategias de análisis, interpretación y creación artística, aplicando herramientas digitales y colaborando en un entorno de trabajo grupal.

Durante el proceso, ha identificado y analizado estilos, estéticas y patrones estructurales, expresando juicios críticos fundamentados con terminología adecuada. Ha trabajado en la producción y estructuración de propuestas artísticas, integrando elementos rítmicos, melódicos y expresivos.

A lo largo de la experiencia, el alumnado ha participado activamente en actividades de interpretación, experimentación sonora y expresión artística, mostrando iniciativa y creatividad. Ha seguido pautas para la organización del trabajo, respetando la diversidad cultural y valorando las aportaciones de sus compañeros y compañeras.

Además, ha empleado recursos digitales y tecnológicos de manera eficaz, gestionando su propio aprendizaje con autonomía y reflexionando sobre su proceso mediante auto y coevaluación. Con ello, se garantiza una evaluación completa e integrada, donde cada estudiante toma conciencia de su progreso y participa activamente en su formación.

Indicadores evaluados	Competencia clave (PS)	Descriptor (PS)
Analiza las canciones en su conjunto, identificando estilos y estéticas musicales diversas.	CCEC, CPSAA, CP	CCEC3.1 Al completar el Bachillerato, el alumno o la alumna expresa ideas, opiniones, sentimientos y emociones con creatividad y espíritu crítico, realizando con rigor sus propias producciones culturales y artísticas, para participar de forma activa en la promoción de los derechos humanos y los procesos de socialización y de construcción de la identidad personal que se derivan de la práctica artística.
Emite una opinión crítica y fundamentada, expresándose correctamente y añadiendo terminología musical adecuada.	CCL	CCL1. Al completar el Bachillerato, el alumno o la alumna se expresa de forma oral, escrita, signada o multimodal con fluidez, coherencia, corrección y adecuación a los diferentes contextos sociales y académicos, y participa en interacciones comunicativas con actitud cooperativa y respetuosa tanto para intercambiar información, crear conocimiento y argumentar sus opiniones como para establecer y cuidar sus relaciones interpersonales.
Localiza e identifica patrones rítmicos en las canciones.	STEM	STEM1. Al completar el Bachillerato, el alumno o la alumna selecciona y utiliza métodos inductivos y deductivos propios del razonamiento matemático en situaciones propias de la modalidad elegida y emplea estrategias variadas para la resolución de problemas analizando críticamente las soluciones y reformulando el procedimiento, si fuera necesario.
Interpreta las creaciones propias e integra las creaciones de los compañeros y compañeras.	STEM	STEM3. Al completar el Bachillerato, el alumno o la alumna plantea y desarrolla proyectos diseñando y creando prototipos o modelos para generar o utilizar productos que den solución a una necesidad o problema de forma colaborativa, procurando la participación de todo el grupo, resolviendo pacíficamente los conflictos que puedan surgir, adaptándose ante la incertidumbre y evaluando el producto obtenido de acuerdo a los objetivos propuestos, la sostenibilidad y el impacto transformador en la sociedad.

Muestra predisposición ante la realización de actividades interpretativas, implicándose en el trabajo en equipo.	CCEC, CPSAA	CCEC3.2. Al completar el Bachillerato, el alumno o la alumna descubre la autoexpresión, a través de la interactuación corporal y la experimentación con diferentes herramientas y lenguajes artísticos, enfrentándose a situaciones creativas con una actitud empática y colaborativa, y con autoestima, iniciativa e imaginación.
Establece y sigue las pautas requeridas para la elaboración del proyecto final: la canción.	CCEC, CPSAA	CCEC4.1 Al completar el Bachillerato, el alumno o la alumna selecciona e integra con creatividad diversos medios y soportes, así como técnicas plásticas, visuales, audiovisuales, sonoras o corporales, para diseñar y producir proyectos artísticos y culturales sostenibles, analizando las oportunidades de desarrollo personal, social y laboral que ofrecen sirviéndose de la interpretación, la ejecución, la improvisación o la composición.
Utiliza correctamente las TIC de creación musical.	CPSAA, CD	CD3 Selecciona, configura y utiliza dispositivos digitales, herramientas, aplicaciones y servicios en línea y los incorpora en su entorno personal de aprendizaje digital para comunicarse, trabajar colaborativamente y compartir información, gestionando de manera responsable sus acciones, presencia y visibilidad en la red y ejerciendo una ciudadanía digital activa, cívica y reflexiva.

Tabla 14

Saberes básicos y saberes complementarios

Saberes básicos de la SdA	Materia	Bloque
S.B. 1.1. Contextos musicales y culturales (CE2, CE3):	LPM	1.Percepción y análisis
G1. Contexto histórico		
G2. Función sociocultural		
S.B. 1.2. Elementos estructurales y técnicos (transversal a todas las CE):	LPM	1.Percepción y análisis
G1. El proceso de escucha		
G2. Melodía y armonía		
G3. El ritmo		

S.B. 2.1. Expresión individual y colectiva (CE2, CE4, CE5):			
G1. La notación musical			
G2. Interpretación y técnica vocal			
G4. Habilidades motrices	LPM	2.Interpretación y creación
G5. Creación e improvisación		
S.B. 2.2. Proyectos artísticos (CE4, CE5)		
G1. Planificación		
G2. Producción artística	LPM	2.Interpretación y creación
G3. Tecnologías para la producción musical		
G4. Actitud		

Tabla 15

Secuencia didáctica de cada una de las sesiones de trabajo

						Sesión n°1	
	Saberes/Aprendizajes	Metodología/Acciones formativas MOTTVAR	Agrup.	Espacio	Recursos (Personales y/o materiales)	Crit/Ind (Eval)	Ref DUA
20 MIN	S.B. 1.2. G1 Y G2	Escucha activa del fragmento de 4 canciones de géneros musicales diversos. Estas canciones son: La leyenda del tiempo, de Camarón; La canción del Pirata, de Tierra Santa; Negra Sombra, de Luz Casal; Als Amics de Tristor, de Eva Dénia.	IND	Aula de música	Proyector y altavoces	CE 1.1	Principio II. Pauta 2.1.
25 MIN	S.B. 1.2. G2 Y G3	Técnica de aprendizaje cooperativo *la plantilla rota* para localizar y enlazar patrones rítmicos y silábicos. Cada grupo va a tener 1 patrón rítmico y una frase cuyo número de sílabas coincida con el número de sílabas que tiene la letra de 8 compases. En el grupo deben ordenar todos los fragmentos siguiendo el orden de reproducción de la actividad inicial.	PG	Aula de música	Papel pautado, material con la *plantilla rota* Anexo 1.1	CE 3.1	Principio II. Pauta 2.1.

	Saberes/Aprendizajes	Metodología/Acciones formativas	Agrup.	Espacio	Recursos (Personales y/o materiales)	Crit/Ind (Eval)	Ref DUA
10 MIN	S.B. 1.2. G2 Y G3	Para finalizar la sesión, cada alumno plantea propuestas rítmicas a partir de canciones que consideren interesantes, las apuntan en papel pautado y las proponen a la clase para interpretarlas en grupo.	PG	Aula de música	Proyector y altavoces	CE 1.3	Principio II Pauta 2.2.

Sesión n°: 2

	Saberes/Aprendizajes	Metodología/Acciones formativas EXPLORAR	Agrup.	Espacio	Recursos (Personales y/o materiales)	Crit/Ind (Eval)	Ref DUA
10 MIN	S.B.1.1. G2	Rutina KWL para evaluar qué tienen en común las canciones de la primera sesión.	IND	Aula de música	Proyector y altavoces Plantilla KWL	CE 1.1 (Eval)	Principio II Pauta 2.2.
30 MIN	S.B. 1.2. G1, G2, G3	Grupo de expertos para analizar las canciones y completar una tabla sobre los elementos musicales que conforman las propuestas.	PG	Aula de música	Proyector y altavoces	CE 1.2 (Eval)	Principio II Pauta 2.2.
15 MIN	S.B.1.1. G2	Completar un Padlet de 4 columnas, una para cada propuesta, con las emociones generadas en cada estudiante. Puesta en común.	IND	Aula de música	Proyector y altavoces Plantilla digital Padlet	CE 1.2	Principio I Pauta 1.3.

Sesión n°3

	Saberes/Aprendizajes	Metodología/Acciones formativas EXPLORAR	Agrup.	Espacio	Recursos (Personales y/o materiales)	Crit/Ind (Eval)	Ref DUA
10 MIN	S.B. 1.1. G1 y G2	Visionado de la entrega de premios Príncipe de Asturias, como protagonista a Leonard Cohen y debate oral.	IND	Aula de música	Proyector y altavoces	CE 1.1	Principio II Pauta 2.2.

MIN	Saberes/Aprendizajes	Metodología/Acciones formativas	Agrup.	Espacio	Recursos (Personales y/o materiales)	Crit/Ind (Eval)	Principio/Ref DUA
35 MIN	S.B. 1.1. G1 y G2	Los alumnos trabajan sobre 4 periodos concretos: edad media, clasicismo, romanticismo, actualidad. Preparan información para una presentación con ejemplos paritarios.	PG	Aula de música	Dispositivos electrónicos	CE 1.2	Principio II Pauta 2.2.
10 MIN	S.B. 1.1. G1 y G2	Presentación al resto de la clase de la actividad central mediante diferentes formatos: infografía, presentación con diapositivas, documento de texto con imágenes, etc.	PG	Aula de música	Proyector y altavoces Lista de chequeo Anexo 3.1.	CE 1.2 (Eval)	Principio II Pauta 2.2.
		Sesión nº: 4					
	Saberes/Aprendizajes	Metodología/Acciones formativas ACTIVAR	Agrup.	Espacio	Recursos (Personales y/o materiales)	Crit/Ind (Eval)	Ref DUA
15 MIN	S.B. 2.1 G4 y G5	Presentación de poemas y declamación-dramatización con libertad interpretativa. Relacionarlos con los contextos de la sesión anterior.	IND	Aula de música	Proyector y altavoces. Textos poemas. Rúbrica presentaciones Anexo 4.1.	CE 4.2.	Principio III Pauta 3.1.
25 MIN	S.B. 1.2. G3 S.B. 2.1. G1 y G5	Transcripción de las poesías a ritmo. Creación de un acompañamiento rítmico-armónico sencillo para ejecutar delante de los compañeros.	PG	Aula de música	Proyector y altavoces Textos poemas.	CE 4.3 (Eval)	Principio III Pauta 3.1.
15 MIN	S.B. 2.1. G1 y G5	Juego de improvisación rítmico-melódica mediante la generación de ostinatos basados en las propuestas literarias. Selección del poema base para la elaboración del producto final.	PG	Aula de música	Proyector y altavoces. Textos poemas.	CE 4.1	Principio III Pauta 3.1.
		Sesión nº: 5					
	Saberes/Aprendizajes	Metodología/Acciones formativas ESTRUCTURAR	Agrup.	Espacio	Recursos (Personales y/o materiales)	Crit/Ind (Eval)	Ref DUA
15 MIN	S.B. 2.1. G2	Calentamiento vocal sencillo previo a la preparación de *Shallow*, de Lady Gaga y Bradley Cooper, a dos voces.	GG	Aula de música	Proyector y altavoces. Teclado midi.	CE 4.1	Principio III Pauta 1.1.

	Saberes/Aprendizajes	Metodología/Acciones formativas	Agrup.	Espacio	Recursos (Personales y/o materiales)	Crit/Ind (Eval)	Ref DUA
10 MIN	S.B. 2.1. G1, G2, G5. S.B.2.2. G2, G3, G4	Introducción al funcionamiento de la aplicación *Bandlab* y sus herramientas. A su disposición, los alumnos cuentan con un video de tutorial de cómo funciona, siguiendo la metodología *Flipped classroom*.	IND	Aula de música	Proyector y altavoces. Dispositivos electrónicos.	CE 5-3	Principio II Pauta 2-3.
30 MIN	S.B. 2.1. G1, G2, G5. S.B.2.2. G2, G3, G4	Experimentación guiada y primer boceto de la melodía final. Primeras pruebas de grabación de la letra del poema junto al ritmo transcrito en la sesión anterior.	PG	Aula de música	Proyector y altavoces. Dispositivos electrónicos. Micrófono.	CE 3-2, 3-3	Principio II Pauta 2-3.

Sesión nº: 6

	Saberes/Aprendizajes	Metodología/Acciones formativas APLICAR Y COMPROBAR	Agrup.	Espacio	Recursos (Personales y/o materiales)	Crit/Ind (Eval)	Ref DUA
10 MIN	S.B. 2.1. G2	Trabajo de la conciencia rítmica y resonadora. Interpretación vocal de acordes basada en el método que utiliza Jacob Collier en sus conciertos.	GG	Aula de música	Proyector y altavoces. Dispositivos electrónicos. Teclado midi	CE 4.1	Principio I Pauta 1.2.
10 MIN	S.B. 2.1. G2	Interpretación vocal de arreglo con acordes de la canción *Hallelujah*, de Leonard Cohen.	GG	Aula de música	Proyector y altavoces. Dispositivos electrónicos.	CE 4.1	Principio I Pauta 1.2.
35 MIN	S.B.2.1. G1, G4, G5 S.B.2.2. G1, G2, G3, G4	Creación de la base armónica de la canción para el producto final posterior a la revisión de la melodía creada en la sesión anterior.	PG	Aula de música	Proyector y altavoces. Dispositivos electrónicos.	CE 4.2, 4.3 CE 5.2, 5.3	Principio II Pauta 2-3.

Sesión nº: 7

	Saberes/Aprendizajes	Metodología/Acciones formativas APLICAR Y COMPROBAR	Agrup.	Espacio	Recursos (Personales y/o materiales)	Crit/Ind (Eval)	Ref DUA
10 MIN	S.B. 2.1. G2	Calentamiento inicial del cuerpo. Representación, mediante percusión corporal, de diferentes patrones rítmicos a partir de la versión de *Hallelujah* del grupo *Pentatonix*.	GG	Aula de música	Proyector y altavoces.	CE 4.1	Principio I Pauta 1.2.

	Saberes/Aprendizajes	Metodología/Acciones formativas	Agrup.	Espacio	Recursos (Personales y/o materiales)	Crit/Ind (Eval)	Ref DUA
35 MIN	S.B. 2.2. G2, G3 Y G4	Reajuste y consolidación de la estructura de la canción posterior a la experimentación rítmica, melódica y armónica de las sesiones anteriores.	PG	Aula de música	Proyector y altavoces. Dispositivos electrónicos. Teclado midi.	CE 4.2, 4.3 CE 5.2, 5.3	Principio II Pauta 2.3.
10 MIN	S.B. 2.2. G2, G3 Y G4	Recoger y compilar las pistas con instrumentos virtuales en la aplicación *Bandlab* y experimentación con patrones rítmicos predefinidos por la aplicación para completar la base de la canción.	PG	Aula de música	Proyector y altavoces. Dispositivos electrónicos.	CE 4.2, 4.3 CE 5.2, 5.3	Principio II Pauta 2.3.

Sesión n°: 8

	Saberes/Aprendizajes	Metodología/Acciones formativas CONCLUIR	Agrup.	Espacio	Recursos (Personales y/o materiales)	Crit/Ind (Eval)	Ref DUA
15 MIN	S.B. 2.1. G5 S.B. 2.2. G2, G3 Y G4	Escucha de las pistas creadas y ensayo de la melodía previo a la grabación.	PG	Aula de música	Proyector y altavoces. Dispositivos electrónicos. Teclado midi.	CE 4.2, 4.3 CE 5.2, 5.3	Principio III Pauta 3.1.
15 MIN	S.B. 2.1. G5 S.B. 2.2. G2, G3 Y G4	Representación y grabación, en varias pistas y en grupo, de la melodía de la canción para su posterior masterización.	PG	Aula de música	Proyector y altavoces. Dispositivos electrónicos. Micrófono. Teclado midi. Lista chequeo Anexo 8.1.	CE 4.2, 4.3 CE 5.2, 5.3	Principio III Pauta 3.1.
25 MIN	S.B. 2.1. G5 S.B. 2.2. G2, G3 Y G4	Masterización en directo y pequeños ajustes finales. Puesta en común de los resultados.	PG	Aula de música	Proyector y altavoces. Dispositivos electrónicos. Teclado midi. Rúbrica portfolio Anexo 8.2.	CE 4.2, 4.3 CE 5.2, 5.3	Principio III Pauta 3.1.

Tabla 16

Evaluación de la práctica docente y propuestas de mejora

Indicadores	Valoración cualitativa	Propuestas de mejora
La SdA y su relación con el currículo.	Responde de forma correcta.	
La SdA y su capacidad para generar experiencias valiosas, motivadoras y funcionales.	Desarrolla la capacidad creadora y artística tanto en lo musical como en lo literario.	Ejemplos de poemas en diferentes lenguas, libertad para crear poemas, utilizar la IA para elaborar ejemplos, etc.
El análisis del contexto (personas, tiempo, recursos disponibles) y adaptaciones DUA realizadas.	Los alumnos han podido utilizar diferentes formas de representación, acción y expresión, además de implicarse, cada uno, desde sus capacidades.	La utilización de instrumentos musicales podría haber sido un buen aliciente para motivar a los alumnos.
El sistema de evaluación (inicial, formativa y sumativa) y de calificación.	Justifica la adquisición de competencias en las actividades tanto intermedias como en el producto final.	Promover la coevaluación y la autoevaluación, además de introducir una evaluación continua-formativa.
Gestión del tiempo.	Las sesiones cuentan con una estructura bien delimitada.	La temporalización podría ampliarse para profundizar más en saberes básicos determinados.
Metodologías/actividades propuestas.	Utiliza variedad metodológica general y musical.	Promover un mayor uso de las tecnologías, sobre todo a nivel audiovisual y de difusión de las propuestas.
Coordinación entre docentes.	La situación de aprendizaje promueve la interdisciplinariedad.	Favorecer mayor interrelación entre materias de una forma más evidente, no meramente instrumental.
Clima de aula generado.	Fomenta las relaciones interpersonales, la expresión intrapersonal y la cohesión grupal.	Animar a los estudiantes a ofrecer alternativas y propuestas de creación más flexibles y adaptadas a sus gustos.

Plantilla síntesis

SdA Nº	Título: La creatividad musical a partir de la poesía: Una propuesta interdisciplinar	Área/materia: LENGUAJE Y PRÁCTICA MUSICAL	Curso: 1º BACHILLERATO	Situación temporal: 2 SEMANAS DEL SEGUNDO TRIMESTRE
	Los aprendizajes		La evaluación	
Competencias específicas	Criterio/s de evaluación SdA	Indicadores	Valor en %	Competencias PS		Instrumentos o pruebas de Evaluación	Instrumentos de Calificación
				Comp.	Desc.		
CE1	Analizar las características de propuestas musicales y multidisciplinares de distintos géneros, épocas y estilos, identificando sus elementos estructurales y técnicos, valorando su diversidad y estableciendo conexiones con el patrimonio musical del entorno. Elaborar juicios críticos argumentados sobre diferentes manifestaciones musicales, empleando la terminología específica adecuada y evidenciando una actitud reflexiva y abierta ante la diversidad musical.	- Analiza las características de propuestas musicales y multidisciplinares, estableciendo relaciones entre sus elementos estructurales y técnicos. - Elabora juicios críticos sobre distintas manifestaciones musicales con terminología específica. - Utiliza la diversidad del patrimonio musical del entorno en la interpretación y creación de propuestas musicales.	25%	CCEC, CPSAA, CP, CCL	$CCEC_{3.1}$ CCL_1	Porfolio con las fichas de rutinas de pensamiento, técnicas de aprendizaje cooperativo, actividades de composición, análisis de las canciones y Padlet colaborativo.} Exposición oral grupal sobre periodos de la historia de la música.	Rúbrica Lista de chequeo

CE	Competencia específica	Criterios de evaluación	%			Situaciones de aprendizaje	Instrumento
CE3	Identificar y analizar patrones, fórmulas y secuencias musicales, reconociendo sus estructuras y valorando su expresividad. Emplear patrones, fórmulas y secuencias musicales con distintos recursos vocales, corporales, instrumentales o tecnológicos, evidenciando confianza y creatividad. Integrar elementos expresivos, emocionales y creativos en la creación e improvisación de secuencias musicales a partir de condicionantes previos.	- Identifica patrones, fórmulas y secuencias musicales, analizando sus estructuras y función expresiva. - Emplea diferentes recursos sonoros y tecnológicos para ejecutar patrones musicales con seguridad y creatividad. -Integra ideas, sentimientos y emociones en la creación e improvisación de propuestas musicales.	30%	STEM	STEM1. STEM3	Exposición oral grupal sobre periodos de la historia de la música. Exposiciones artísticas: declamación de poemas, representación de ostinatos rítmicos creados, interpretaciones vocales, percusión corporal. Creación e interpretación del producto final: canción	Lista de chequeo Rúbrica Lista de chequeo
CE4	Interpretar y producir propuestas musicales con autonomía, creatividad y expresividad, utilizando distintos recursos sonoros y tecnológicos.	- Interpreta propuestas musicales de manera autónoma, integrando elementos sonoros y tecnológicos con creatividad. Produce creaciones musicales que reflejan comunicación, expresividad y respeto por la diversidad sonora.	15%	CCEC, CPSAA	CCEC3.2	Exposiciones artísticas: declamación de poemas, representación de ostinatos rítmicos creados, interpretaciones vocales, percusión corporal.	Rúbrica
CE5	Diseñar y desarrollar proyectos artísticos interdisciplinares integrando conocimientos de distintas disciplinas y recursos tecnológicos, promoviendo la experimentación y el trabajo colaborativo.	- Diseña proyectos artísticos interdisciplinares, incorporando herramientas tecnológicas y conocimientos adquiridos. - Estructura el proceso creativo, distribuyendo roles y colaborando con otros de manera efectiva. - Genera propuestas innovadoras, adaptando soluciones a las necesidades y desafíos del contexto.	30%	CCEC, CPSAA, CD	CCEC4.1, CD3	Creación e interpretación del producto final: canción.	Lista de chequeo

La secuencia didáctica

(reloj)	Saberes/aprendizajes	Metodología/Acciones formativas	Agrup.	Espacio	Recursos	Crit/Ind (EVAL.)	DUA
30 MIN	S.B. 1.1. G2	Rutinas de pensamiento	IND	Aula de música	Fichas de las rutinas de pensamiento y soporte audiovisual.	CE 1.1	Principio II Pauta 2.1.
55 MIN	S.B. 1.1. G2 S.B. 1.2. G1, G2 Y G3	Técnicas de aprendizaje cooperativo	PG	Aula de música	Fichas de las técnicas de aprendizaje cooperativo. Proyector y altavoces.	CE 1.2	Principio II Pauta 2.1. y 2.2.
50 MIN	S.B. 1.2. G2 Y G3	Actividades de composición	IND	Aula de música	Soporte audiovisual.	CE 4.1, 4.2, 4-3	Principio II Pauta 2.2. Principio III Pauta 3.1.
45 MIN	S.B. 1.1. G1 Y G2	Exposiciones en grupos cooperativos	PG	Aula de música	Soporte audiovisual y dispositivos electrónicos.	CE 1.2	Principio II Pauta 2.2.
60 MIN	S.B. 2.1. G1, G2 Y G5	Interpretaciones grupales (Orff, Kodály, Willems)	GC	Aula de música	Teclado midi. Proyector y altavoces.	CE 4.1, 4.2, 4-3	Principio I Pauta 1.2.
135 MIN	S.B. 2.1. G1, G2 Y G5 S.B. 2.2. G1, G2, G3, G4	Creación musical	PG	Aula de música	Proyector y altavoces. Dispositivos electrónicos. Micrófono. Teclado midi.	CE 4.1, 4.2, 4-3, CE 5.2, 5.3	Principio III Pauta 3.1.

Ev: actividad docente y propuestas de mejora	
INDICADORES	INSTRUMENTOS
· El diseño de las actividades conecta con las inquietudes e intereses del alumnado. · La diversidad metodológica permite un enfoque académico y artístico amplio. · Utiliza instrumentos de evaluación adecuados y adaptables a los requerimientos. · La temporalización permite realizar las diferentes actividades y el producto final.	· Rúbricas · Listas de chequeo · Diario de sesiones · Guía de observación participante
El tiempo dedicado a las diferentes actividades o acciones formativas se toma de forma flexible. La programación es un documento vivo que se adapta a las necesidades del aula y permite a los estudiantes y al profesorado profundizar y/o abordar de múltiples formas la adquisición de competencias. Como indicador de mejora, se podría incidir en una recogida de evidencias de evaluación continua-formativa. Si bien es cierto que puede obviarse una evaluación por la naturaleza de esta materia dentro de su itinerario para la etapa de bachillerato, la evaluación continua-formativa ofrecería más información relevante durante el proceso. Por otra parte, algunas sesiones podrían servir para trabajar otros saberes básicos de manera aislada y la temporalización podría ampliarse y conseguir, así, profundizar en la adquisición de competencias. También podría valorarse la implementación de estaciones de aprendizaje a la consecución del producto final. De esta forma, se implementarían los principios y pautas del DUA de una forma mucho más personalizada, siendo responsable de elegir itinerario dentro de un circuito cada alumno individual o cada grupo cooperativo.	

Anexo 1.1. PLANTILLA ROTA

PLANTILLA ROTA 1:

La leyenda del tiempo:

Versos originales:

- El sueño va sobre el tiempo flotando como un velero, flotando como un velero.

Versos auditivamente parecidos:

- *La ilusión cruza el cielo brillando como lucero, brillando como lucero*

La canción del Pirata:

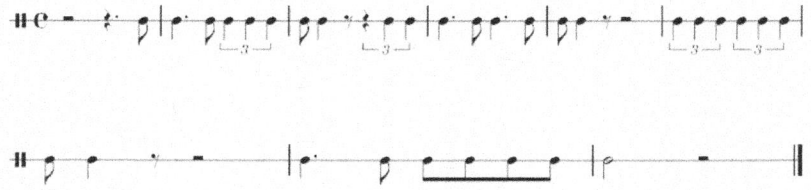

Versos originales:

- Con diez cañones por banda, viento en popa a toda vela, no corta el mar, sino vuela un velero bergantín.

Versos auditivamente parecidos:

- *Bajo un cielo estrellado vive un hombre recogido, y una mujer ha asumido su infinita libertad.*

Negra Sombra:

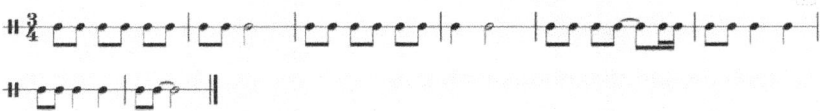

Versos originales:

· Cando penso que te fuches, negra sombra que me asombras, ó pé dos meus cabezales tornas facéndome mofa.

Versos auditivamente parecidos:

· *Siempre quiero que aparezcas, cuando a la tarde es de día, tengo la esperanza viva y puedo hacerte compañía.*

Als amics de tristor:

Versos originales:

· Als amics de tristor, però, els diria que l'au del pit encara viu i nia.

Versos auditivamente parecidos:

· *Cuanto más cerca estás de tu familia, pero, quizás, no tienes compañía.*

PLANTILLA ROTA 2

La leyenda del tiempo:

Versos originales:

- El tiempo va sobre el sueño hundido hasta los cabellos, hundido hasta los cabellos

Versos auditivamente parecidos:

- *La niebla recubre el barco envuelta en mil destellos, envuelta en mil destellos.*

La canción del Pirata:

Versos originales:

- Que es mi barco mi tesoro, que es mi dios la libertad, mi ley, la fuerza y el viento, mi única patria, la mar.

Versos auditivamente parecidos:

- *Cuánto tiempo ha pasado, desde aquella tarde gris. Mi voz, mi sueño y el resto, ya no queda nada aquí.*

Negra Sombra:

Versos originales:

· Si cantan, es ti que cantas, si choran, es ti que choras, i es o marmurio do río i es a noite i es a aurora.

Versos auditivamente parecidos:

· *El tiempo solo se agota, la vida, tan solo pasa. Si cuando canto transmito, vivo mucho más tranquilo.*

Als amics de tristor:

Versos originales:

· Per a cercar d'una altra mà la mida en allò que potser encara és vida.

Versos auditivamente parecidos:

· *Para llegar más lejos, todavía, respirar y parar cuando lo digas.*

Anexo 3.1. LISTA DE CHEQUEO

Ítems que valorar	Aspectos para verificación	SÍ	NO	Valoración, en su caso, y propuesta de mejora.
Contenido y precisión histórica	Se explican las características principales del período musical.			
	Se mencionan los compositores y obras más representativas.			
	Se contextualiza el período dentro de la historia de la música.			
	Se utiliza una terminología musical adecuada.			
Organización y estructura	La exposición tiene una introducción, desarrollo y conclusión bien definidas.			
	Las ideas se presentan con claridad y orden.			
	Todos los miembros del grupo participan de forma equilibrada.			
Expresión oral	Se habla con claridad, vocalización y volumen adecuados.			
	Se mantiene contacto visual y una postura adecuada.			
	Se evita la lectura excesiva de notas o diapositivas.			
Uso de recursos	Se emplean recursos visuales o auditivos que apoyan la exposición.			
	Los materiales son claros y bien organizados.			
Trabajo en equipo	La exposición se ajusta al tiempo asignado.			
Gestión del tiempo	Se distribuyó el tiempo de forma equilibrada entre los apartados.			

Anexo 4.1. RÚBRICA

Criterios de Evaluación	Indicador	Nivel 1	Nivel 2	Nivel 3	Nivel 4
Expresión e interpretación artística (25%) (CE4)	Interpreta las propuestas artísticas con expresividad y precisión, utilizando la voz, el cuerpo o los instrumentos.	No hay expresividad ni intención artística en la interpretación	Expresión limitada, sin transmitir emoción o intención clara	Interpretación expresiva y técnicamente correcta	Interpretación excelente, con gran expresividad y dominio técnico.
Coherencia rítmica y precisión técnica (20%) (CE3 y CE4)	Emplea patrones rítmicos y técnicas vocales o corporales con seguridad y precisión.	Se presentan dificultades en la ejecución rítmica o vocal.	Ejecución con errores ocasionales en ritmo o técnica.	Buena precisión rítmica y técnica, con estabilidad en la ejecución	Ejecución impecable, con precisión rítmica y control técnico sobresaliente.
Creatividad y originalidad (15%) (CE3)	Integra ideas personales y elementos expresivos en la propuesta artística.	No hay creatividad ni elementos originales en la propuesta.	Se incluyen algunos elementos creativos, pero con poca exploración.	Se aprecia creatividad en la composición y en la interpretación	Alta creatividad, con un enfoque original y una interpretación innovadora.
Coordinación y trabajo en equipo (15%) (CE3 y CE4)	Diseña y estructura la presentación en grupo, asegurando una interpretación equilibrada.	Falta de coordinación, los participantes no siguen un plan estructurado.	Coordinación básica, aunque con problemas en la cohesión grupal	Buena estructura y coordinación entre los integrantes.	Presentación bien ensayada, con fluidez y gran coordinación entre los participantes.

Criterio					
Uso del cuerpo y la voz en la interpretación (15%) (CE4)	Utiliza el cuerpo, la voz o los instrumentos para potenciar la expresividad y el impacto de la interpretación.	No se utiliza el cuerpo o la voz de manera expresiva	Uso básico de la voz y el cuerpo, sin demasiada intención expresiva	Buen uso del cuerpo y la voz, con intención clara.	Excelente uso expresivo del cuerpo, la voz o los instrumentos, potenciando el impacto artístico
Presentación y seguridad escénica (10%) (CE4)	Interpreta con confianza, manteniendo una postura adecuada y un contacto visual con el público.	Muestra inseguridad y falta de presencia escénica.	Presentación correcta, pero con momentos de inseguridad.	Interpretación con confianza y buena proyección escénica.	Actuación segura, con gran control escénico y comunicación con el público.

Anexo 8.2. RÚBRICA

Criterios de Evaluación	Indicador	Nivel 1	Nivel 2	Nivel 3	Nivel 4
Análisis de propuestas musicales (25%) (CE1)	Analiza las características de propuestas musicales y multidisciplinares, estableciendo relaciones entre sus elementos estructurales y técnicos.	No hay análisis o es incorrecto, sin conexión entre los elementos.	Análisis básico, con algunas relaciones entre los elementos, pero sin argumentación sólida.	Análisis bien estructurado, con terminología adecuada y relaciones claras entre los elementos musicales.	Análisis profundo, bien argumentado y con uso preciso de terminología musical, mostrando pensamiento crítico.
Juicio crítico sobre manifestaciones musicales (20%) (CE1)	Elabora juicios críticos sobre distintas manifestaciones musicales con terminología específica	No hay juicios críticos o son erróneos y sin argumentación.	Juicios adecuados pero con falta de profundidad y precisión terminológica.	Reflexión crítica bien argumentada, con ejemplos claros y terminología adecuada	Reflexión profunda y crítica, con argumentación bien estructurada y terminología precisa
Uso del patrimonio musical (15%) (CE1)	Utiliza la diversidad del patrimonio musical del entorno en la interpretación y creación de propuestas musicales.	No se menciona ni se usa el patrimonio musical.	Relación básica con el patrimonio musical, pero sin aplicarlo en la creación	Uso efectivo del patrimonio musical con conexiones bien fundamentada	Aplicación creativa del patrimonio musical en propuestas originales y bien contextualizadas.
Identificación de patrones y estructuras musicales (10%) (CE3)	Identifica patrones, fórmulas y secuencias musicales, analizando sus estructuras y función expresiva	No se identifican patrones ni estructuras.	Identificación aceptable, aunque con errores y sin relación clara con la función expresiva.	Identificación clara y con buen análisis de su función expresiva	Identificación precisa y detallada, con análisis profundo y bien argumentado.
Aplicación de recursos sonoros y tecnológicos (10%) (CE3)	Emplea diferentes recursos sonoros y tecnológicos para ejecutar patrones musicales con seguridad y creatividad	No emplea recursos sonoros o los usa incorrectamente	Emplea algunos recursos con éxito, aunque con falta de creatividad o exploración	Uso creativo y técnicamente adecuado de los recursos	Integración fluida y creativa de los recursos, con exploración innovadora
Creación e improvisación musical (10%) (CE3)	Integra ideas, sentimientos y emociones en la creación e improvisación de propuestas musicales.	No hay evidencia de creatividad o integración de emocione	Integración aceptable de elementos expresivos y emocionales, pero sin originalidad.	Creaciones con buena expresividad y coherencia musical.	Propuestas originales y expresivas, con un alto grado de creatividad e innovación.

7 . Investigación sobre la aplicación de la situación de aprendizaje

De las dos situaciones descritas en las páginas previas, se ha implementado en el aula la que corresponde a 3º de ESO. El objetivo general de este apartado es, por una parte, averiguar qué percepción tiene el estudiante de una situación de aprendizaje que sigue un paradigma centrado en la consecución de los aprendizajes, tal y como defienden las teorías que sustentan este trabajo (Barr y Tagg, 1995; Biggs, 2005) y como propone el currículo vigente; y, por otra, establecer las conclusiones que nos permiten, como docentes, introducir mejoras en el diseño del marco de aprendizaje a partir de la evaluación que realiza el aprendiz.

OBJETIVOS

Objetivo general

- Valorar la anterior Situación de Aprendizaje aplicada al alumnado de 3º de la ESO en la asignatura de música como instrumento de articulación del currículum (centrado en el aprendizaje y alineado) en función del aprendizaje del alumnado.

Objetivos específicos

- Conocer la valoración del alumnado sobre esta Situación de Aprendizaje cuando esta es sistema de desarrollo del currículum de aula en el que participan como estudiantes.

- Conocer las diferencias entre el empleo de esta Situación de Aprendizaje como sistema de desarrollo curricular según el sexo.

- Conocer la asociación entre el empleo de esta Situación de Aprendizaje como sistema de desarrollo curricular y el rendimiento académico.

DISEÑO DE LA INVESTIGACIÓN

El diseño de la investigación será cuasi experimental y consistirá en un estudio descriptivo Ex Post Facto ya que no se modifica el fenómeno o situación objeto de análisis (Bernardo y Caldero, 2000). Esto será así porque la implementación se hará en el desarrollo ordinario del curso académico y se valorará la intervención una vez realizada. Además, el estudio tendrá carácter correlacional porque asociaremos las variables de sexo y rendimiento académico a los resultados de las valoraciones del fenómeno objeto de estudio para cada una de las dimensiones que lo conforman.

Para ahondar en el alcance de la investigación, más allá de la extracción de datos estadísticos del cuestionario, se han tenido en cuenta las diferentes categorías de la observación participante. En primer lugar, la situación de aprendizaje ha supuesto un reto porque ha tratado de hilar actividades prácticas, material audiovisual, herramientas digitales, expresión artística y gamificación para obtener resultados y evaluar la adquisición de competencias. Las pequeñas tareas que han ido conformando el porfolio o las breves interpretaciones grupales o colectivas han formado parte del hilo general de las sesiones y han posibilitado la interpretación de una performance final y una yincana musical adaptada al tamaño de los grupos-clase.

En segundo lugar, se ha conseguido favorecer el aprendizaje gracias a las rutinas de pensamiento, a las tareas sencillas de escucha activa, a los ejercicios motrices y los elementos interactivos relacionados con la composición musical. La inmediatez de la consecución de las actividades intermedias y la concreción de los saberes de cada sesión han posibilitado que los alumnos mantengan la atención y se enfoquen en esas actividades autocontenidas en cada sesión.

Al tratarse de materia relacionada con la historia de la música resultó complicado captar la atención del alumnado al inicio de la situación de aprendizaje. Ahora bien, después de la primera sesión, gran parte del alumnado centró su interés en la consecución de las actividades. Durante las sesiones, parte del alumnado ha mostrado su satisfacción con la practicidad de las sesiones y un enfoque didáctico centrado en la comprensión y asimilación de la práctica.

Por otra parte, la memorización ha servido, exclusivamente, para que los alumnos se hayan quedado con una idea general de cómo se ha llegado hasta la música actual. Las rutinas de pensamiento han llevado a esas metacogniciones iniciales de la mayoría de las sesiones, que han sido el punto de partida del resto de las actividades. Al contar con ejercicios de resultado prácticamente inmediato, tanto individual como colectivamente, los alumnos han recibido retroalimentación constante tanto por parte del profesorado como por ellos mismos al comentar sus anotaciones. Además, las dinámicas de percusión corporal, la interpretación de sencillas piezas en grupo o la dramatización guiada de algunas piezas han resultado herramientas clave para adaptarse a las necesidades de cada alumno.

Por último, tanto los productos finales como las actividades intermedias sirven adecuadamente a la hora de elaborar una evaluación detallada. La adquisición de competencias queda reflejada en cada una de las sesiones y en los productos finales. No contar con una prueba escrita final contribuye a mantener la atención del alumnado y les libera de la presión para conseguir mejores resultados de aprendizaje.

ANÁLISIS ESTADÍSTICO

Se llevó a cabo un análisis descriptivo de los datos para caracterizar la muestra y conocer la valoración del alumnado sobre las situaciones de aprendizaje. Se reporta la distribución de frecuencias (absolutas y relativas) de la variable sexo, así como la media, mediana, desviación típica (DT) y rango intercuartílico (RI) de las notas del curso previo y el curso actual.

Cada ítem del cuestionario de valoración del alumnado sobre las situaciones de aprendizaje es de tipo Likert con valores entre 1 (muy en desacuerdo) y 5 (Muy de acuerdo). Todas las preguntas estaban redactadas en sentido positivo, de tal forma que un mayor grado de acuerdo se correspondía siempre con una mejor valoración de la actividad. Estas variables fueron tratadas como pseudocuantitativas, entendiendo que, a mayor valor, mejor visión personal de la actividad. Por tanto, se muestras medidas de centralización como la media y la mediana, con especial interés de esta última, en este caso, y de dispersión, como la DT y el RI.

Las diferencias de cada ítem entre hombres y mujeres se analizaron mediante pruebas no paramétricas U de Mann-Whitney, dada la naturaleza de estas variables. La asociación con el rendimiento académico se analizó mediante coeficientes de correlación por rangos de Spearman.

Todos los análisis se llevaron a cabo con el paquete estadístico IBM SPSS v29.

RESULTADOS

Respondieron a la encuesta un total de N=84 alumnos, siendo mujeres el 57.1% del total. En el curso previo se habían observado notas ligeramente inferiores a las del curso actual, aunque rondando siempre el notable (Tabla 17).

Tabla 17. *Características de los estudiantes*

Variable	Categoría/Medida	Resultados
Sexo	Hombre n (%)	36 (42.9%)
	Mujer n (%)	48 (57.1%)
Nota del curso previo (0-10)	Media (DT)	6.93 (2.01)
	Mediana (RI)	7 (4)
Nota de curso actual (0-10)	Media (DT)	7.01 (2.09)
	Mediana (RI)	7 (4)
DT: Desviación típica; RI: Rango intercuartílico.		

Atendiendo a los valores de las medianas, se observó que, en todos los ítems del cuestionario, menos del 50% estuvo en desacuerdo con los mismos, salvo el caso del ítem 12 (Creo que lo que he aprendido en la situación de aprendizaje lo podría llevar a cabo en mi vida cotidiana), en el que la mediana fue 2. Se trata, por tanto, del ítem con el que menos de acuerdo estuvo la muestra. Por otra parte, los ítems mejor valorados fueron el 27 (Me ha gustado que la evaluación haya sido algo real y práctico, que tenía que hacer, y no un examen donde normalmente solo cuenta lo que respondes después de memorizar contenidos) y el 28 (Me parece un acierto que se valoren aspectos que no son solo los contenidos de la materia), que hacen referencia al sistema de evaluación y a la aplicabilidad de la materia. El resto de los ítems, como se ha mencionado, fueron en general bastante bien valorados, y sus medidas de resumen pueden verse en la tabla 18.

Tabla 18 . *Valoración del alumnado sobre las situaciones de aprendizaje*

Ítem	Media (DT)	Mediana (RI)
1	3.01 (0.96)	3 (1)
2	3.3 (1.11)	3 (1)
3	2.8 (1.12)	3 (2)
4	3.13 (1.21)	3 (2)
5	3.24 (1.04)	3 (1)
6	3.39 (1.14)	4 (1)
7	3.45 (1.27)	4 (1.8)
8	3.77 (1.14)	4 (2)
9	3.32 (1.07)	3 (1)
10	3.63 (1.16)	4 (2)
11	3.63 (1.11)	4 (1)
12	2.29 (1)	2 (2)
13	3.11 (1.02)	3 (1)
14	3.13 (1.14)	3 (2)
15	3.23 (1.01)	3 (1)
16	3.14 (1.15)	3 (2)
17	3.54 (1.01)	4 (1)
18	3.31 (1.13)	3 (1)
19	2.55 (1.09)	3 (1)
20	3.19 (1.21)	3 (2)
21	3.48 (1.17)	4 (1)
22	3.79 (1.08)	4 (2)
23	3.46 (1.1)	4 (1)
24	3.89 (0.98)	4 (2)
25	3.6 (1.02)	4 (1)
26	3.64 (1)	4 (1)
27	4.31 (0.85)	4 (1)
28	4.07 (0.92)	4 (1)
29	3.77 (0.87)	4 (1)
30	3.54 (1.16)	3.5 (1.8)
31	3.43 (1.04)	3 (1)
DT: Desviación típica; RI: Rango intercuartílico.		

Diferencias por sexo

La valoración del alumnado sobre las situaciones de aprendizaje resultó ser bastante similar entre hombres y mujeres, sin llegar a observar demasiadas diferencias estadísticamente significativas entre ellos. Las únicas diferencias observadas fueron en los ítems 17 (Haber combinado formas diferentes de trabajar: individualmente, en pequeños grupos y con todo el grupo me ha ayudado a aprender mejor) y 20 (He comprendido lo que he aprendido). En ambos casos, las mujeres presentaron una mejor valoración que los hombres, y con menor dispersión en sus respuestas, como puede verse señalado en negrita en la tabla 19.

Por otra parte, la limitación del tamaño muestral no nos permitió concluir que existieran diferencias en otros ítems que, sin embargo, presentaron indicios de que podría haberlas. Tal es el caso del ítem 2 (Me ha motivado saber en cada momento para qué hacíamos cada cosa. Todo tenía sentido y estaba relacionado con la finalidad de la situación de aprendizaje), el 7 (Trabajar en pequeños grupos, a veces por parejas y otras de forma individual ha aumentado mi motivación para aprender), o el 26 (La forma en la que nos han evaluado me ha parecido más coherente con lo que hemos trabajado y aprendido que lo que suele pasar normalmente en otras asignaturas), entre otros. En todos los casos fueron las mujeres las que presentaron una mejor valoración (Tabla 19).

Tabla 19. *Diferencias por sexo en la valoración del alumnado sobre las situaciones de aprendizaje*

Ítem	Hombre		Mujer		p-valor*
	Media (DT)	Mediana (RI)	Media (DT)	Mediana (RI)	
1	3.08 (1.05)	3 (1)	2.96 (0.9)	3 (0.8)	0.329
2	3.08 (1)	3 (1.8)	3.46 (1.17)	4 (1)	0.094
3	2.72 (1.06)	3 (1.8)	2.85 (1.17)	3 (2)	0.599
4	2.94 (1.15)	3 (2)	3.27 (1.25)	3 (2)	0.272
5	3.06 (1.04)	3 (1.8)	3.38 (1.02)	3 (1)	0.167

6	3.22 (1.07)	3 (1.8)	3.52 (1.18)	4 (1)	0.161
7	3.17 (1.36)	3 (2)	3.67 (1.17)	4 (2)	0.088
8	3.67 (1.24)	4 (2)	3.85 (1.07)	4 (2)	0.582
9	3.11 (1.04)	3 (1)	3.48 (1.07)	4 (1)	0.100
10	3.61 (1.13)	4 (1.8)	3.65 (1.19)	4 (2)	0.778
11	3.72 (1.21)	4 (2)	3.56 (1.03)	4 (1)	0.335
12	2.22 (1.05)	2 (2)	2.33 (0.97)	3 (2)	0.552
13	3 (1.07)	3 (1)	3.19 (0.98)	3 (1)	0.447
14	2.89 (1.19)	3 (2)	3.31 (1.08)	3 (1)	0.119
15	3.25 (1.05)	3 (1)	3.21 (0.99)	3 (1)	0.722
16	2.92 (1.18)	3 (2)	3.31 (1.11)	3 (1.8)	0.148
17	**3.33 (0.89)**	**3 (1)**	**3.69 (1.08)**	**4 (1)**	**0.032**
18	3.22 (1.17)	3 (2)	3.38 (1.1)	3 (1)	0.537
19	2.53 (1.08)	3 (1.8)	2.56 (1.11)	2.5 (1)	0.974
20	**2.83 (1.08)**	**3 (2)**	**3.46 (1.24)**	**3.5 (1.8)**	**0.019**
21	3.31 (1.14)	3 (1)	3.6 (1.18)	4 (1.8)	0.205
22	3.53 (1.21)	4 (1.8)	3.98 (0.93)	4 (2)	0.097
23	3.36 (1.13)	4 (1.8)	3.54 (1.09)	4 (1)	0.499
24	3.86 (0.93)	4 (1.8)	3.92 (1.03)	4 (2)	0.678
25	3.44 (1)	3 (1)	3.71 (1.03)	4 (1)	0.166
26	3.42 (1.02)	3 (1)	3.81 (0.96)	4 (1.8)	0.060
27	4.22 (0.9)	4 (1)	4.38 (0.82)	5 (1)	0.401
28	4.03 (0.97)	4 (1.8)	4.1 (0.88)	4 (1)	0.771
29	3.61 (0.87)	4 (1)	3.9 (0.86)	4 (1.8)	0.127
30	3.31 (1.17)	3 (1)	3.71 (1.13)	4 (2)	0.114
31 3.33 (1.07) 3 (1)			3.5 (1.03)	3.5 (1)	0.523
DT: Desviación típica; RI: Rango intercuartílico.					
*U de Mann-Whitney.					
Las filas destacadas **en negrita** son aquellas en las que se observaron diferencias significativas por sexo.					

Asociación con el rendimiento académico

El análisis de las correlaciones de cada ítem con las notas del curso previo y el curso actual devolvió valores moderados o bajos de correlaciones directas o positivas, sin que en muchos casos llegaran a ser estadísticamente significativas. En concreto, se observó que mejores notas (tanto del curso previo como en el actual) se asociaron con una mejor visión del empleo de las situaciones de aprendizaje en los ítems 2 (Me ha motivado saber en cada momento para qué hacíamos cada cosa. Todo tenía sentido y estaba relacionado con la finalidad de la situación de aprendizaje), 3 (Trabajar en clase o en casa para aprender algo útil, y no solo para aprobar, ha sido una sensación muy motivadora), 4 (Cuando tocaba en el horario trabajar la situación de aprendizaje me sentía más motivado que en el resto de asignaturas en las que no empleamos esta forma de trabajo), 5 (Me ha gustado comprobar que todas las tareas tenían sentido porque eran necesarias para lo que nos habíamos propuesto al final de la situación de aprendizaje), 9 (Las metodologías que el profesor nos ha propuesto me ayudan a mantener la atención en la tarea y, de este modo, aprovecho mejor el tiempo de clase), 10 (Trabajar activamente en clase ha hecho que tuviera que dedicar menos tiempo en casa), 16 (Pienso que he trabajado mucho en clase pero ha merecido la pena porque soy consciente de que he aprendido también mucho), 20 (He comprendido lo que he aprendido), 21 (No he tenido que memorizar sin sentido nada que no haya comprendido, lo que sí me pasa a veces cuando soy evaluado con exámenes), 22 (Me ha gustado que el profesor en la situación de aprendizaje haya ofrecido distintas posibilidades para hacer algunas tareas), 24 (Me gusta que el profesor haya propuesto distintas posibilidades a la hora de realizar y entregar trabajos, incluso cuando son para ser evaluados, porque de este modo todos tenemos más posibilidades de aprovechar nuestros puntos fuertes), 28 (Me parece un acierto que se valoren aspectos que no son solo los contenidos de la materia), 29 (Creo que es muy positivo que las acciones o las cosas que hemos realizado como resultado final de la situación de aprendizaje haya servido al mismo tiempo como prueba de evaluación) y 30 (Saber con antelación, mediante las rúbricas o las listas de chequeo, qué se me iba a pedir y cómo tenía que hacerlo, me ha ayudado a enfocar mejor mi estudio y mi trabajo) (Tabla 20).

Por otra parte, algunos de los ítems correlacionaron exclusivamente con la nota del curso actual, observándose que mayores notas actuales se asociaron con una mejor valoración de los ítems 6 (Me ha parecido motivador que estudiemos cosas que están conectadas con la realidad) y 14 (Lo que hemos aprendido sobre valores y actitudes creo que me va a servir para mi vida personal). Sin embargo, el ítem 26 (La forma en la que nos han evaluado me ha parecido más coherente con lo que hemos trabajado y aprendido que lo que suele pasar normalmente en otras asignaturas) sólo se asoció positivamente con la nota del curso previo, pero no con la del actual (Tabla 20).

Tabla 20. *Asociación entre el empleo de las situaciones de aprendizaje como sistema de desarrollo curricular y el rendimiento académico*

Ítem	Nota del curso pasado	Nota de la asignatura
	Rho (p-valor)	Rho (p-valor)
P1	0.022 (0.846)	0.090 (0.417)
P2	0.365 (0.001)	0.448 (<0.001)
P3	0.291 (0.007)	0.333 (0.002)
P4	0.248 (0.023)	0.299 (0.006)
P5	0.240 (0.028)	0.359 (0.001)
P6	0.209 (0.057)	0.283 (0.009)
P7	0.150 (0.173)	0.170 (0.122)
P8	0.122 (0.267)	0.181 (0.099)
P9	0.351 (0.001)	0.415 (<0.001)
P10	0.284 (0.009)	0.346 (0.001)
P11	-0.171 (0.119)	-0.120 (0.276)
P12	0.089 (0.421)	0.211 (0.054)

P13	0.040 (0.720)	0.141 (0.200)
P14	0.193 (0.078)	0.266 (0.014)
P15	0.123 (0.265)	0.165 (0.134)
P16	0.275 (0.011)	0.338 (0.002)
P17	0.098 (0.375)	0.055 (0.620)
P18	0.001 (0.990)	0.049 (0.656)
P19	0.136 (0.216)	0.205 (0.061)
P20	0.398 (<0.001)	0.483 (<0.001)
P21	0.299 (0.006)	0.389 (<0.001)
P22	0.220 (0.044)	0.248 (0.023)
P23	0.097 (0.381)	0.129 (0.244)
P24	0.332 (0.002)	0.295 (0.006)
P25	0.148 (0.180)	0.166 (0.130)
P26	0.269 (0.013)	0.205 (0.061)
P27	0.087 (0.429)	0.092 (0.403)
P28	0.237 (0.030)	0.233 (0.033)
P29	0.227 (0.038)	0.234 (0.032)
P30	0.276 (0.011)	0.286 (0.008)
P31	0.212 (0.052)	0.199 (0.069)

Las filas destacadas **en negrita** son aquellas en las que se observó correlación significativa.

CONCLUSIONES

- La valoración del alumnado sobre las situaciones de aprendizaje fue positiva, con la mayor parte del alumnado a favor de la metodología, siendo los aspectos mejor valorados aquellos que hacen referencia al sistema de evaluación y a la aplicabilidad de la materia.

- La valoración fue bastante similar entre hombres y mujeres, observándose en pocos casos una valoración ligeramente mejor por parte de las mujeres.

- En general, se observó que mejores calificaciones (tanto del curso previo como en el actual) se asociaron con una mejor visión del empleo de las situaciones de aprendizaje, aunque estas correlaciones fueron moderadas o leves.

Referencias

Barr, R.B y Tagg, J. (1995). De la enseñanza al aprendizaje: un nuevo paradigma para la educación de pregrado. *Change: The magazine of higher learning*, 27(6), 12-26.

Bernardo, J. y Caldero, J. F. (2000) *Aprendo a investigar en Educación*. Rialp.

Biggs, J. (2005). *Calidad del aprendizaje universitario*. Narcea.

Cuestionario para la valoración de las situaciones de aprendizaje/unidades (alumnado)

Esta encuesta sirve para que puedas valorar la situación de aprendizaje que acabas de realizar. De este modo podremos ver si es eficaz y mejora los aprendizajes. Es completamente anónima por lo que te pedimos que respondas con total libertad y sinceridad. Se presentarán algunas afirmaciones que tienen que ver con las características de las situaciones de aprendizaje en general. Solo tienes que decidir tu nivel de acuerdo con dichas afirmaciones marcando la casilla en la columna correspondiente **lo que más se parezca** a lo que piensas.

Sexo: Hombre Mujer

Nota media que obtuviste el curso pasado Nota que obtuviste en esta asignatura la última vez que la cursaste

La asignatura es nueva, nunca la había cursado

	Motivación	1. Muy en desacuerdo	2. En desacuerdo	3. Neutro	4. De acuerdo	5. Muy de acuerdo
1.	La situación de aprendizaje me ha motivado bastante porque me ha supuesto un reto, (algo que había que hacer o resolver).					
2.	Me ha motivado saber en cada momento para qué hacíamos cada cosa. Todo tenía sentido y estaba relacionado con la finalidad de la situación de aprendizaje,					
3.	Trabajar en clase o en casa para aprender algo útil, y no solo para aprobar, ha sido una sensación muy motivadora.					
4.	Cuando tocaba en el horario trabajar la situación de aprendizaje me sentía más motivado que en el resto de asignaturas en las que no empleamos esta forma de trabajo.					
5.	Me ha gustado comprobar que todas las tareas tenían sentido porque eran necesarias para lo que nos habíamos propuesto al final de la situación de aprendizaje.					
6.	Me ha parecido motivador que estudiemos cosas que están conectadas con la realidad.					
7.	Trabajar en pequeños grupos, a veces por parejas y otras de forma individual ha aumentado mi motivación para aprender.					

	Metodología empleada	1. Muy en desacuerdo	2. En desacuerdo	3. Neutro	4. De acuerdo	5. Muy de acuerdo
8.	Realizar actividades interesantes para aprender hace que esté más centrado en el trabajo y, por lo tanto, aprendo más, que cuando permanezco pasivo escuchando.					
9.	Las metodologías que el profesor nos ha propuesto me ayudan a mantener la atención en la tarea y, de este modo, aprovecho mejor el tiempo de clase.					
10.	Trabajar activamente en clase ha hecho que tuviera que dedicar menos tiempo en casa.					
11.	Creo que aprendo más cuando realizó actividades bien planificadas que cuando solo escuchó al profesor porque me cuesta concentrarme durante mucho tiempo.					

		1. Muy en desacuerdo	2. En desacuerdo	3. Neutro	4. De acuerdo	5. Muy de acuerdo
	Utilidad e interdisciplinariedad de lo aprendido					
12.	Creo que lo que he aprendido en la situación de aprendizaje lo podría llevar a cabo en mi vida cotidiana.					
13.	Que la situación de aprendizaje haya incluido aprendizajes de otras asignaturas que hacían falta y que las hayamos combinado para hacer algo real me ha gustado.					
14.	Lo que hemos aprendido sobre valores y actitudes creo que me va a servir para mi vida personal.					
15.	Puedo decir que en la situación de aprendizaje he vivido una experiencia que me ha enseñado cosas de forma real y activa.					
	Metacognición					
16.	Pienso que he trabajado mucho en clase pero ha merecido la pena porque soy consciente de que he aprendido también mucho.					
17.	Haber combinado formas diferentes de trabajar: individualmente, en pequeños grupos y con todo el grupo me ha ayudado a aprender mejor.					
18.	Creo que he aprendido mediante la situación de aprendizaje más y mejor que cuando en clase solo escucho al profesor.					
19.	Considero que lo que he aprendido en la situación de aprendizaje voy a tardar mucho en olvidarlo por qué lo he experimentado.					

		1. Muy en desacuerdo	2. En desacuerdo	3. Neutro	4. De acuerdo	5. Muy de acuerdo
20.	He comprendido lo que he aprendido.					
21.	No he tenido que memorizar sin sentido nada que no haya comprendido, lo que sí me pasa a veces cuando soy evaluado con exámenes.					

	Empleo del DUA			
22.	Me ha gustado que el profesor en la situación de aprendizaje haya ofrecido distintas posibilidades para hacer algunas tareas.			
23.	Me ha gustado la situación de aprendizaje porque he podido desarrollar mi trabajo con cierta creatividad y autonomía.			
24.	Me gusta que el profesor haya propuesto distintas posibilidades a la hora de realizar y entregar trabajos, incluso cuando son para ser evaluados, porque de este modo todos tenemos más posibilidades de aprovechar nuestros puntos fuertes.			
25.	He visto como algunos compañeros y yo mismo hemos podido tener algo más de éxito en clase cuando se nos ha permitido o sugerido que hiciéramos las cosas de forma diferente y no, como suele pasar, que todos hacemos todo de la misma manera.			
	Evaluación			
26.	La forma en la que nos han evaluado me ha parecido más coherente con lo que hemos trabajado y aprendido que lo que suele pasar normalmente en otras asignaturas.			
27.	Me ha gustado que la evaluación haya sido algo real y práctico, que tenía que hacer, y no un examen donde normalmente solo cuenta lo que respondes después de memorizar contenidos.			
28.	Me parece un acierto que se valoren aspectos que no son solo los contenidos de la materia.			
29.	Creo que es muy positivo que las acciones o las cosas que hemos realizado como resultado final de la situación de aprendizaje haya servido al mismo tiempo como prueba de evaluación.			
30.	Saber con antelación, mediante las rúbricas o las listas de chequeo, qué se me iba a pedir y cómo tenía que hacerlo, me ha ayudado a enfocar mejor mi estudio y mi trabajo.			
31.	Haber realizado pruebas para ver cómo íbamos a lo largo de la situación de aprendizaje y recibir feedback por parte del profesor me ha ayudado a mejorar mis resultados finales.			

Escribe 3 puntos fuertes de la situación de aprendizaje. Cuando los tengas escritos, numéralos poniendo el 1 a lo que te ha parecido mejor y así sucesivamente hasta el 3.	Numera 1,2,3
Escribe 3 puntos débiles de la situación de aprendizaje. Cuando los tengas escritos numéralos poniendo el 1 a lo que te ha parecido peor y así sucesivamente hasta el 3	
Comenta libremente algo más que te gustaría añadir sobre la situación de aprendizaje.	

Muchas gracias por tu colaboración.